LE PETIT LIVRE DU LANGAGE DES FLEURS

ちいさな手のひら事典

花言葉

LE PETIT LIVRE DU LANGAGE DES FLEURS

ちいさな手のひら事典

花言葉

ナタリー・シャイン 著

ダコスタ吉村花子 翻訳

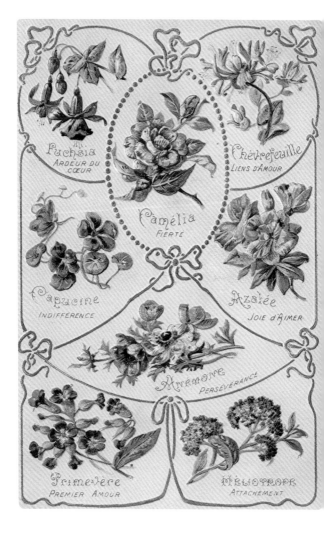

Fuchsia
ARDEUR DU CŒUR

Chèvrefeuille
LIENS D'AMOUR

Camélia
FIERTÉ

Capucine
INDIFFÉRENCE

Azalée
JOIE D'AIMER

Anémone
PERSÉVÉRANCE

Primevère
PREMIER AMOUR

Héliotrope
ATTACHEMENT

目次

L'ANGE DES FLEURS

花言葉を巡る冒険旅行

　「あらゆる匂いには魔力がある」とはフランスの作家ジョリス＝カルル・ユイスマンスの『さかしま』の一節です。匂いという魔法は第一に花の特権であり、チューベローズからライラック、早咲きのクロッカスから遅咲きのダリアまで、優美な花は太古から人間を魅了してきました。鮮やかな色で風景に美しさを添え、季節の移り変わりを麗しく知らせ、妙なる香りを放つ花々。この自然の不可思議な生き物は私たちに夢を与えてくれ、化学者たちはその香りを再現しようと熱心に研究を続けています。こうした花々が数え切れないほどの伝説を彩ってきたのも驚くには当たりません。18世紀にスウェーデンの植物学者リンネにより植物分類がなされるずっと以前から、花々は文学や神話にインスピレーションを吹き込んできたのです。

神話における最初の開花

　花の歴史についての最初の書『変身物語』が記されたのは西暦1世紀のことです。作者オウィディウスは詩人で、晩年を費やしてギリシャやローマ神話を書き写しました。この書は韻文からなる長い詩で、現在知られているほとんどの植物や花の起源を語っています。オウィディウスの描く神々の世界では、愛の物語はたいてい悲劇的結末を迎えます。移り気な神に愛されたかと思えば捨てられてしまうニンフたち。その涙や血が花となり、ニンフの名前が付けられました。物語を読んだあと、私たちはヒヤシンスを見て、嫉妬心ゆえに致命傷を負わされた美

青年ヒュアキントスに思いを馳せ、花壇に咲くヘリオトロープを目にすれば、太陽神ヘリオスに冷たくされても一途に恋したニンフ、クリュティエが偲ばれます。

　キリスト教も花に注目しましたが、初期キリスト教徒の関心は花の起源よりも、その色や美が象徴するものに向けられました。特にバラには多くの隠喩（メタファー）が込められていて、教父たち（キリスト教初期から中世までの時代に、正統な信仰についての著述を残し、正統信仰の確立に寄与した人々）の一部は、バラの棘はアダムとエヴァがエデンの園から追放されたときに、人間が自らの原罪を忘れないように生えたのだと考えました。キリスト教のシンボルでは、白い花こそが最も美しいとされ、処女マリアの人格と結び付きました。例えばジャスミンは5月に咲きますが、5月はマリアの月でもあります。ユリは特別な存在で、無原罪の御宿り（聖母マリアは生まれながらに原罪を負っていないとする考え）を象徴しています。

　また、口承で伝わったためあまり知られていないものの、ゲルマンやケルトの伝説にも不思議な花や魔的な力を持った花が登場します。こうした花々は、ケルトの祭司ドルイドが語る物語や民間信仰で重要な役割を担っており、カンパニュラ・ラプンクルスのような勇気の花、ベラドンナやジギタリスやドクニンジンのような危険な花が登場します。

中国の美意識から愛の言葉へ

　オリエントやアジアの奥地の物語を伝える花もあります。その一つがヒマラヤの斜面に生息するツツジとピラカンサで、現地の伝説と、イギリス貴族の庭に未知の種類の花を持ち帰ろうと命をかける探検者たちの冒険譚とが混じって伝えられました。インドから日本にかけて、崇められている花もあります。その最たるものが蓮の花で、泥水から伸びてシミ一つない花を咲かせるため、精神的美しさや仏教の贖罪の絶対的シンボルとされています。中国の古典的絵画は、たびたび花を通して季節の移ろいを表しており、牡丹や芍薬は春、蓮は夏のシンボルです。またとても複雑なメッセージも秘めていて、宇宙を表す絵の中では、ある花が同音異義の動物やその他の自然要素と結び付けて描かれることもあります。中国ではこうして韻文が綴られ、それらが概念となって、富、長寿、平和、徳、自然死など文化的象徴の基本テーマを表現します。日本にも体系的な概念を備えた花の芸術があります。生け花は侍が実践していた武道の起源で、野で拾ってきた枝や季節の花を活けて、メッセージ——均整あるいは無秩序、和合あるいは威嚇、簡素さ、時の流れなど——を込めていました。感情が抑制された日本という国で、花は感じたことを表現する格好の手段なのです。

　一方、花にロマンティシズムを託すのは西欧ならではの行為です。こうした動きはオスマン帝国で生まれたとされます。オスマン帝国では、ベルトやターバンに飾られたチューリップで、あ

らゆる感情をさりげなく表していたのです。「フロリオグラフィ」すなわち花言葉が流行を博したのはヴィクトリア朝時代のイギリスで、20世紀にフランスやアメリカに持ち込まれました。人々は花言葉辞典を引きながら、さながら詩のように複雑な「雄弁な花束」を作って、様々なニュアンスを含んだ愛情を表現しました。時代と共に花言葉もシンプルになりましたが、現代でも花は恋心を告白し、この上なく繊細な気持ちを伝えるのに最上のメッセンジャーなのです。

アカシア

深い愛情、プラトニックラブ

アカシアの語源「アカキア（*akakia*）」はギリシャ語で棘を意味し、この木に自衛手段があることを示しています。砂漠地帯に自生し、通年咲いて荒涼な風景に色を添えます。

西暦1世紀、古代ローマの大プリニウスは、切っても3年後には再び伸びてくるこの植物の素晴らしさをたたえ、エジプトではアカシア・ニロティカ（*Acacia nilotica*）が「命の木」と呼ばれて崇められていました。確かにアカシアはほんのわずかな水だけで元気に育つのです。そのため、遊牧民にとっては貴重な避難場所であり、砂漠地帯に生息する草食動物の栄養源でもありました。エジプト神話によれば、冥界の神オシリスはアカシアの木のもとで生まれ、その精神は木の幹の中に宿ったとされ、ファラオ時代の多くの壁画にも、アカシアが描かれています。アカシア・ニロティカはヘブライ文化でも聖なる植物と考えられており、モーセの燃える柴（旧約聖書『出エジプト記』でモーセの前に出現した、燃えていながら燃え尽きない不思議な柴）はこの木だったとされています。神殿建築に好んで使われた希少木材でもあり、時代を経てもその価値に変わりはなく、中世には人間の魂を浄化すると考えられました。

世界には1500ほどの種があり、その3分の2がオーストラリアに生息し、同国の国花ゴールデンワトルもアカシア属です。花言葉としては、秘めた純愛の告白に白やピンクのアカシアが使われます。

AFRIQUE

ACACIA ARABIQUE

アネモネ

愛、情熱、誠実、あきらめ

ギリシャ神話によれば、西風の神ゼピュロスはニンフ、アネモネ（語源の「アネモス」はギリシャ語で「風」の意）に首ったけでしたが、嫉妬深い妻がアネモネを花に変えてしまったそうです。綿毛のような軽やかな種子が微風に舞うため、民間伝承でも「風の娘」と呼ばれています。別のギリシャ神話では、美の女神アプロディテと黄泉の女王ペルセポネから愛された美少年アドニスの話があります。狩りをしていたアドニスはイノシシに襲われて落命してしまうのですが、血の滴がアネモネの花になったとか。

アネモネには数十種類ありますが、ヨーロッパで一般的なのは、花屋で人気のアネモネ・コロナリア（*Anemone coronaria*）。色によって意味が異なり、赤は情熱と粘り強さ、黄色は誠実、紫は悲嘆と悲しみからくるあきらめで、故人を偲ぶのに似つかわしい花です。世界各国では、日本のアネモネと呼ばれる野花シュウメイギク（*Anemone hupehensis*）など、その他の種も人気です。

ANÉMONE *(Abandon)*

カラー

光、処女性、贖罪

　華やかでとても見栄えのする花です。ローマ時代から宗教とゆかりが深く、まず光のシンボル、次いで喪の象徴とされ、葬儀の花束に使われました。古代ローマ人たちは冬至の日にカラーを植えて、1年で最も暗い季節に光を呼び寄せていました。時代が下ると、その美しさと白さから処女性と結び付けられ、現代でも花嫁のブーケに多用されます。

　最もポピュラーな種はアフリカ南部原産。学名ザンテデスキア・アエティオピカ（*Zantedeschia aethiopica*）からエチオピア原産と考えられがちですが、レソト、エスワティニ、南アフリカ原産で、マングローブの木陰や湿地に生息しています。贖罪と、悪や汚れに打ち勝つ清らかさを表しており、19世紀にアメリカに渡ると、あっという間に大人気の花の一つに。

　時代が下ると、「レディー・オブ・ザ・リリーズ（ユリの貴婦人）」と呼ばれたアメリカの画家ジョージア・オキーフのカラーを描いた作品が有名になります。精神分析医ジークムント・フロイトはこの花の官能的なフォルムに女性器のシンボルを見、当時の多くの画家たちが同じ視点からこの花を描きました。

LEFÈVRE-UTILE

G. BUSSIÈRE

(ARUM)

アスター

優雅さ、貞節、死

　アスターはギリシャ語で星の意味。この花も星の形をしています。ギリシャ神話では、パンドラがこの世のすべての悪の入った箱を開けたときに、正義の女神アストライアが流した涙がこの花になったとか。ローマ神話では、愛の女神ヴィーナスを表す花とされています。古代ローマの詩人ウェルギリウスによれば、神々のための祭壇にはよくアスターが供えられていたそうです。キリスト教にも独自の起源があり、聖母マリアが天から地を眺めて涙を流したときに出現したと言われます。

　晩秋まで咲き続けて年の最後を飾る花でもあるため、老いのなぐさめ、循環の終わり、死を象徴します。

　中国では貞節のシンボルで、この花にまつわる民間信仰も少なからずあります。田園部ではアスターの葉を燃やして、ヘビを駆逐していました。ドイツではデイジーの代わりにアスターで、意中の人の心を占っていました。

ECHT LIEBIG'S VLEESCH-EXTRACT

サンザシ

天真爛漫、無垢

　　サンザシ属の学名クラタエグス（*Crataegus*）は、ギリシャ語で力を意味する「クラトス（kratos）」から来ています。この野性的なバラ科の植物はずば抜けて丈夫で、棘は太く、400年生きるものも！　太古から春の再生と乙女たちの月とされてきた5月に開花します。ピエール・ロンサールをはじめとする詩人たちに愛され、無垢と天真爛漫のシンボルとなりました。

　　キリスト教の儀式では婚姻と結び付いています。ギリシャ神話の神ゼウスの妻ヘラは、この花に触っただけで身ごもったとか。キリスト教はこうした考えを取り入れ、サンザシを処女マリアの象徴としました。民間伝承によれば、マリアは赤ん坊だったイエスの産着をサンザシの枝にかけて干していたそうです。

　　悪天候や様々な障害から守ってくれると信じられ、中世には少量のサンザシを首にかけていると、嵐や幽霊を追い払ってくれるとか、サンザシの枝を屋根裏に置いておけば、家を守ってくれると言われていました。

　　田園部では、土地の境界沿いや牧草地を囲んであちこちにサンザシの低木が植えられていますが、これは有害動物を寄せ付けないためです。

LE LANGAGE DES FLEURS

Buonisourt

AUBÉPINE

アザレア

愛の告白

―――――――――

　あまり知られていませんが、冬の始まりと共に開花するこの美しい花はツツジ属です。ツツジ属には実に1000近くもの種があります。イギリス式庭園で貴族のような存在感を放つアザレアは、世界各地、たいてい人里離れた僻地に自生しています。現在知られているほとんどの種は中国とヒマラヤ地域原産で、ネパールやアザド・カシミール地域のシンボルもツツジ属の花です。

　アメリカではアパラチア山脈に自生しており、この赤い花の起源にまつわるアメリカ先住民の伝説も残っています。それによれば、カタウバ族とチェロキー族がテリトリーを巡って激しく争い、何か月にもわたる戦いののちにカタウバ族が勝利を収めました。しかしグレートスピリット（アメリカ先住民の創造主。大いなる神秘）は深く絶望して、森は後退し、白いツツジは血を吸って赤い花が生まれたというのです。

　ギリシャやローマ神話には、アザレアやツツジへの言及は見当たりません。けれどもその麗しい花姿に19−20世紀の探検家、植物学者、冒険者たちは心震わせ、危険にもひるまずに、険しい山から未知の種を持ち帰りました。花言葉は、初めての愛の告白です。

―――――――――

AZALÉE

ベゴニア

慎重、愛、官能的な欲望

南アメリカやアンティル諸島原産の植物です。ヴィクトリア朝時代のイギリスで、慎重で用心深い恋愛と結び付けられるようになったので、奥手の恋人に贈るのは避けた方がよいでしょう。

北朝鮮では、平和・正義・愛を象徴する花とされ、当時の指導者、金正日の46歳の誕生日を記念して作られた金正日花もあります。

日本ではポジティブな花であり、思いやりや無条件の愛情にこの花を重ねて描いた漫画も。

ヒンドゥー教では、たくさんの花弁が重なる花姿に官能的な欲望を見、インドやヒマラヤでは、安らぎや平穏をもたらす生命エネルギーの2つの柱、ソーラープレクサスチャクラとルートチャクラに作用する花とされています。

CHOCOLAT
DE LA
Cie FRANÇAISE

BEGONIA

ベラドンナ

エロティシズム

　「麗しの貴婦人」を意味する学名アトロパ・ベラドンナ(*Atropa belladonna*) は、古代の通称から来ています。古代ローマの女性たちは目力を増そうと、この植物の実の汁を1滴目に差して瞳孔を開いていました。ギリシャ神話で、ぶどう酒の神ディオニュソスを信奉するマイナデスという女性たちも、この目薬を差してから男性信奉者たちに身を任せていたと伝わっています。こうしたエロティックな用途はルネサンス期まで続きますが、実はベラドンナには毒性があり、人間にはとても危険な植物。エジプトのクレオパトラは邪魔者や裏切りそうな者を消すのに、ベラドンナを多用したとか。

　森の境界に自生していますが、あまり見かけることはありません。中世には、その実が「悪魔のサクランボ」と呼ばれ、魔の植物として、黒魔術での神経痛や腫瘍の治療、毒殺にたびたび使われていました。この毒を飲んだ者は苦しみながらあっという間に死んでしまいます。現在でも弛緩剤として薬用植物療法に用いられると共に、強力な痛み止めとして一部の薬にも調合されています。

LES PLANTES UTILES

Plantes Médicinales

BELLADONE

オシロイバナ
内気な愛、希望、再生

———————

　南アメリカ原産の不思議な植物で、「ペルーの驚異」とも呼ばれています。日当たりのいい場所で育ちますが、日陰でしか開花しません。自家受粉ないしは2種類の夜行性ガにより繁殖します。暖かい熱帯地域を好みますが、遠くまで旅し、アラスカや日本でも順化しました。複数の色の花を同時に咲かせることができます。

　栽培に着手したのは、14世紀初めのアステカの人々で、その強い香り、そして何よりも塊根に含まれる幻覚作用と催淫作用を求めて熱心に育てました。アマゾン地域ではその効用が広く知られていて、現在でも現地の人々により薬として用いられています。夜に花開き、翌年には種子から繁殖するので、希望と再生の象徴とされています。ルイジアナ州では墓地によく植えられます。

　花言葉としては、オシロイバナの花束のプレゼントは、「私はシャイ」とか「今夜はダメ」を意味します。

———————

VÉRITABLE EXTRAIT de VIANDE LIEBIG.

Nº 2. Belle de nuit
—Alarme d'un cœur sensible.

ヤグルマギク
芽生え始めた恋、真摯

消炎作用があり、鮮やかな青い花を咲かせるヤグルマギク
は、繊細な気持ちを伝えるメッセンジャー。オリエント地域で
は、芽生え始めた恋の花と考えられていて、中世にアラビア勢
力が拡大するにつれ、こうした連想もフランスの田園地方にま
で広がりました。

もともと野生の花で、夏の間小麦畑に咲きます。恥じらいな
がらも愛を告白するときに贈る花で、その昔、田園地方の娘た
ちは髪に飾って恋人募集中であることを示したり、男性の気持
ちをつなぎ留めるために胸に飾ったりしました。

多くの国では真摯のシンボルとされ、ヨーロッパではエストニ
ア、スウェーデン、フィンランドの政党のシンボルや国花になって
います。ドイツでもとても人気が高く、プロイセン王妃ルイー
ゼ・フォン・メクレンブルク＝シュトレーリッツをモデルにしたヒ
ロインの物語にも出てきます。物語で王妃は戦時中、ナポレオ
ン軍の手から逃れようと、子どもたちと共にヤグルマギクの咲
き乱れる野に隠れました。

LE BLUET. — De Lavesse.

ルリジサ

陽気、活気

　華やかな青い花で、薬理学方面では強壮作用があることで知られています。古代ローマの大プリニウスはこの地中海地方に咲く花を「エウフロシヌム（euphrosynum）」すなわち「上機嫌」と呼びました。老人さえもこの植物で幸せな気分になれるからです。古代の占い師たちによれば、ローマ神話の神ユピテル（ゼウス）もルリジサで憂鬱な気分を晴らしていたとか。ホメロスも『オデュッセイア』の中で言及しており、「これを混ぜたものを飲めば、1日中決して涙を流すことはない。たとえ母や父が死のうとも」と書いています。古代ローマ軍団も戦闘前にルリジサ酒を飲んで気勢を上げ、中世の男性たちは催淫効果があるとされるルリジサの煎じ薬を服用して、女性たちを虜にしようとしました。

　ヴィクトリア朝のイギリスで発展した秘密の花言葉によれば、恋文に「ルリジサ」の言葉が記されていれば、大胆さを暗示しているとか。ホウレンソウのようにして食べられますが、不当にも雑草扱いされることも。これだけの効用が謳われているのですから、消化作用に優れたルリジサを試してみる価値はあるでしょう。

LANGAGE DES FLEURS
LA BOURRACHE

ラナンキュラス

豪奢

　知名度の高い花ですが、実際はキンポウゲ（ラナンキュラス）属の複数の種類を指します。黄色く輝く花弁が、肌にバターのような色の光を反射するため、ドイツ語ではバターの花を意味する「バターブルーム（Butterblume）」、英語では「バターカップ」と呼ばれます。十字軍によりフランスに持ち込まれ、長い間豪奢のシンボルとされてきました。

　花言葉では、「君は輝いていて魅力的。眩いばかりにさらめいている」を意味します。伝説によると、ラナンキュラスは黄色と緑色の衣に颯爽と身を包み、うっとりとするような美声に恵まれた美男子でした。ある日森でニンフたちのために歌っていると、自分の声の美しさに恍惚として失神し、息絶えてしまいます。詩と音楽の神アポロンは、ラナンキュラスを花にしました。これが、現代のラナンキュラスというわけです。

　新世界を目指す征服者たちによりアメリカに持ち込まれると、「コヨーテの目」と呼ばれるように。コヨーテはワシに目をえぐられて、ラナンキュラスの花弁を目に付けたから黄色い目なのだ、という話が生まれたためです。

BOUTON D'OR

エリカ

動じない末永い愛

　たくさんの種を含む大きな属で、ヨーロッパには4種、アフリカには700種もあります。フランス語ではガリアの女神の名前でもあるブリュイエールと呼ばれますが、これはこの植物を指すギリシャ語の「ウラ(Ura)」とケルト語の「エレイス(Ereice)」の組み合わさった語です。エリカは、エジプト神話で重要な役割を担う植物。オシリスは弟のセトにより箱に閉じ込められてナイル川に投げ込まれましたが、大きなエリカがオシリスの体を包み、妻イシスが探しに来るまで人目を避けて守りました。

　ミツバチはエリカの花が大好き。その理由も伝説が教えてくれます。ヒースの荒野が広がる地域やガスコーニュ地方の言い伝えによれば、嫉妬深い継母が美しく若い義娘をエリカの花に変えてしまいました。ミツバチはこのひどい継母のあちこちを刺して命を奪い、ある男性を娘のところに連れていきました。男性がエリカに口づけすると、人間の姿に戻ったというのです。

　イタリアのキリスト教徒たちは、エリカの起源はイエスの死にさかのぼるとしています。イエスはローマ兵に見つからないようにイチゴノキの影に隠れていたのですが、エリカがこの木の枝を広げたために見つかって、捕まってしまったというのです。神は罰として、エリカに開花しても実がならないようにしました。1年中青々と茂り、動じることのない末永い愛を表しています。

BRUYÈRE

椿

長寿、忠実、幸せ

　美しい花を咲かせる低木で、最初は中国、次いで日本で人気が出ました。中国の皇帝は秘密の花園で椿を栽培させ、その花は崇高なるものとされていました。

　日本では宗教的意味が付されており、ヨーロッパには富士山の女神を巡る美しい話が伝わっています。それによれば、女神は親孝行なヨソジに1本の枝を贈りました。正直者のヨソジはこの素晴らしい贈り物を村に持ち帰って育てたところ、人を癒す力を持つ大きな木に成長しました。目の病気に効くとされる葉の露を取りに、わざわざ遠くからやってくる人もいたそうです。日出ずる国では、椿は色によって意味が異なり、赤は愛、黄色は愛の欠乏、白は期待を象徴しています。

　ヨーロッパではインチキをきっかけに知られるように。18世紀、中国人は東インド会社に、観賞用のヤブツバキ（*Camellia japonica*）を、お茶用のチャノキ（*Camellia sinensis*）と称して販売したのです。19世紀には、その美しい佇まいから流行となり、1848年にはアレクサンドル・デュマ・フィスの小説『椿姫』が発表されました。

RUSSIE

CAMÉLIAS

ホタルブクロ

美、ナルシシズム、虚栄

夏になると、野や中程度の高さの山に、愛らしい青紫の花が咲き乱れます。「ヴィーナスの鏡」とも呼ばれるのはなぜでしょう。古代の伝説によれば、愛の女神ヴィーナスは1日に何度も鏡をのぞき込んで、自分の美しさを確かめていましたが、あるとき鏡をなくしてしまいました。息子のクピドが探しに行って見つけましたが、帰り道に落として割れてしまいました。鏡が粉々になったところから、美しいホタルブクロが伸びてきたというのです。そのため、この花は美と共に虚栄の危険をも象徴しています。

ドイツには、ラプンツェルの語源でもあるホタルブクロ属カンパニュラ・ラプンクルスにまつわる言い伝えがあります。グリム兄弟の話によれば、ある妊婦の隣の家に魔女が住んでいて、庭でこの植物を育てていました。妊婦はその花がどうしても欲しくてたまらず、夫に摘みに行かせました。けれども運悪く魔女に見つかってしまい、生まれてくる赤ん坊をくれれば許してやろうと言われます。生まれてきた赤ちゃんは、植物の名を取ってラプンツェルと名付けられました。

MOULIN A PAROLES

CAMPANULE

キンレンカ

愛の告白、熱烈な愛

　アンデス山脈、ボリビアからペルーにかけて原生する植物
で、ピリッとした風味から「インドのクレソン」とも呼ばれていま
す。薬効があり、ケチュア族により栽培されていました。原産地
ではハチドリが送粉していましたが、オランダ人がヨーロッパに
持ち込んでからはマルハナバチが送粉を担っています。

　ヨーロッパではルイ14世時代の宮廷で人気が出たと言わ
れ、太陽王と謳われたルイ14世はキンレンカの花束を愛人マ
ントノン夫人に贈っていたとか。敬虔なマントノン夫人は、教会
や修道院の庭でさかんに栽培されていたこの花の贈り物をとて
も喜んだそうです。花言葉は色により異なり、白は純粋、黄色
は初恋の告白、オレンジ色は誘惑、赤は熱烈な愛を表します。

VÉRITABLE EXTRAIT de VIANDE LIEBIG

Nº 3. Capucine — Feu d'amour.

アザミ

簡素、実用

　ロレーヌ公爵の有名な格言「触る者は刺される（触らぬ神に祟りなし）」のヒントになったのがアザミです。エジプト原産で、古代のエジプト人やギリシャ人、ローマ人は葉や花を消費していました。アザミには妊婦に男の子を授けたり、悪霊や悪魔を追い払ったりする魔力があると信じられていたのです。18世紀の哲学者ディドロは『百科全書』の中で、ギリシャ神話の復讐と罰の女神エリニュエスにささげられる植物としてアザミを挙げています。棘があり、キリスト教徒の間では、イエスと聖母マリアの苦しみのシンボルと考えられていました。

　スコットランドを象徴する花でもあり、たくさんの伝説に登場します。最も有名なのが13世紀のバイキング侵入時の逸話。ノルウェー王ホーコン4世軍はスコットランドのラーグス沿岸を制圧しようと上陸し、密かに町に接近したのですが、アザミの上をうっかり歩いてしまい、痛みのあまりうめき声をもらしました。これを耳にしたスコットランド軍はすぐさま警戒態勢に入り、作戦は失敗したのです。

　現在では、自然界に分解する袋の生産用にサルディーニャ島で種子から油が抽出されるなど、新たな使われ方をしています。

Vero
Estratto
di Carne
LIEBIG

COLORI-Bruno.

スイカズラ

真摯な愛

　香りのある華やかなつる植物で、現在では日本に自生する種が最も知られています。原産地と考えられる中国には、美しい伝説が残っています。村に金花と銀花という名の双子の姉妹が住んでいました。あるとき、金花が病気になってしまいますが、銀花は感染しても構わないと、離れようとはしませんでした。結局2人とも死んでしまい、並んで埋葬されました。春になると、小さな金色と銀色の花が墓石を覆うように生えてきました。これがスイカズラだったのです。同じ年、別の双子の姉妹が同じ病気にかかりましたが、スイカズラの花の煎じ薬のおかげで命を取り留めました。

　スイカズラは暖かくなると開花し、数か月間咲き続けます。ギリシャ神話のダフニスとクロエの物語が、この長い開花期間の素敵な理由を教えてくれます。2人は愛し合っていたのですが、この花が咲いている間しか会えません。恋人たちは愛の神に、スイカズラをなるべく長く咲かせてくださいと願い、望みがかなえられたのです。一部の国では、スイカズラの花束を家に持ち込むと、その年のうちに誰かが結婚すると伝わっています。スコットランドでは家畜小屋の周りに植えて、魔女たちから家畜を守っていました。

CHÈVREFEUILLE : — Lien, Amitié.

菊

誠実、長寿、死

　中国原産で、3000年前の文書にも記述されています。長江の周辺地域に伝わる昔話によれば、白菊には失明を癒す力もあるとか。昔々、アニウという貧しい老人がいました。老人の母は失明しかけていましたが、菊の精が次の秋分に白い花の雲が空から降ってくるので、それで目が治るだろうと言いました。秋分になると、アニウの庭には菊が咲き始め、これを煎じると治りました。

　8世紀頃になると日本に渡り、人々から愛され、現在でも天皇の権威を象徴する花とされています。また誠実や長寿のシンボルとも。

　ヨーロッパでは死と結び付けられていますが、その理由を説明する言い伝えは残っていません。秋に開花するため、11月1日の万聖節にお墓に供えられるからかもしれません。

Chrysantheme

ドクニンジン

致命的な危険

———————

　大ぶりな草本植物で、ギリシャの哲学者ソクラテスの処刑に使われたことで有名です。ソクラテスはその思想がアテナの若者たちに有害であるという理由で死刑に処され、ドクニンジンを飲まされたのです。

　ニンジンやパセリと同じ科に属し、かつては黒魔術と結び付けられて、魔女集会で魔術に用いられていると言われました。死者と交流する降霊術師たちも、降霊や悪魔儀式でドクニンジンを使っていたそうです。

　学名「コニウム（*Conium*）」は「回転させる」を意味し、ドクニンジンを服用したあとに襲ってくるめまいを指しています。古代の著述家たちによれば、ドクニンジンの毒はあまりに強力なため、ヘビさえも見ただけで身を縮めて逃げてしまうとか。すぐに逃げないと、体が麻痺して死んでしまうからです。よくパセリと間違えられ、平凡な外見のため、多くの子どもたちが草笛にして遊び、命を落としました。ロシアやドイツでは、悪魔の植物と考えられています。自分を苦しめる恋人にドクニンジンの花束を贈れば、「あなたのせいで死んでしまう」というメッセージです。

———————

Langage des Fleurs
LA CIGUË

レモン

永遠の愛、和解、健康

　レモンの木の枝に、細長い花弁が見えます。フランスの調香師セルジュ・ルタンスは、「レモンの花は日中に輝き、夜になると燃え上がる。オレンジからマンダリンまで、グレープフルーツも含めたすべての柑橘類の中でも、レモンの木、特にレモンの花は魔法のような爽やかさだ」と美しく表現しています。

　レモンの原種シトロンはインドや南アジアの原産で、アレキサンダー大王の兵たちがインダス渓谷を征服したのちにシトロンをギリシャに持ち帰ったと伝えられています。それに対し聖書は、エデンの園の植物だとしています。エデンの園を追われたエヴァが持ち出し、美しくも苦い果実になったとか。

　レモンは世界中の熱帯・亜熱帯地域に普及しました。1930年以降は南仏マントンの町のシンボルとなり、レモンフェスティバルも毎年開催されています。ヨーロッパでは、花の咲いたレモンの木のプレゼントは永遠の愛、和解を象徴しています。一方、インドをはじめとするアジアでは、白い花が成長して金色の実がなるレモンの木は、みずみずしさと健康のシンボルと考えられています。

5. — Citrons.

クレマチス

安定した愛

　語源はつるや枝を意味するギリシャ語「クレマ(klema)」で、ギリシャ原産であることがわかります。愛らしい野花で、色も形も驚くほど多様。英語で「トラベラーズ・ジョイ(旅人の楽しみ)」と呼ばれる種もあり、中世のフランスでは「物乞いの草」のあだ名もついていました。物乞いたちはクレマチスで手足をこすって赤くして、道行く人の同情を誘おうとしたからです。

　ゲルマンの伝説によれば、イエスとヨセフとマリアは大きなクレマチスの花に身を隠してエジプトに逃れたとか(イエスは幼い頃、ヘロデ王の幼児虐殺から逃れるためにエジプトへ渡りました)。

　極東では安定した愛の印とされており、様式化したクレマチスが描かれた日本の花嫁衣裳もあります。

　ロシアでも人気で、コサック兵は恐るべきタタール人との戦い(13世紀から2世紀の間、現在のロシアや近隣諸国の祖先であるルーシ人の多くがタタール人に支配されました)の記憶として、クレマチスを一枝帯にさしていました。

ヒナゲシ

眠り、なぐさめ、豊穣

古代エジプトでは、死者が安らかに眠るようにと、ヒナゲシの花弁がお墓にまかれていました。ケシ科に属する赤い花で、ギリシャやローマ神話では、眠りの神モルペウスのシンボルとされていました。女神デメテルは黄泉の神ハデスに誘拐された娘ペルセポネのことが心配でなりませんでしたが、モルペウスからヒナゲシの花束を渡され、寝る前にこれを吸ったところ、ぐっすりと眠れたとの話が残っています。

実際、ヒナゲシには鎮静効果があり、ヒナゲシの花束のプレゼントは、不安や苦しみにさいなまれる人へのなぐさめを意味しています。この花には、悲しみを眠らせる働きがあるのです。それだけでなく、たくさんの種子があって、掘り返したばかりの土や道端などあらゆるところで伸びるため、命の象徴でもあります。第1次世界大戦の戦場にも咲き乱れ、当時の詩人たちは戦没者たちの永遠の眠りと、この花とを結び付けた詩を詠いました。

LIEBIG'S Fleisch-Extract.

クロッカス

希望、激しさ、情熱

　クロッカス属の花は旧約聖書に2回登場します。『雅歌』では若い娘が「わたしはシャロンのばら、谷のゆりです」と謳い、『イザヤ書』には「荒野と、かわいた地とは楽しみ、さばくは喜びて花咲き、さふらんのように、さかんに花咲き、かつ喜び楽しみ、かつ笑う」と記されています（シャロンのばらをクロッカスと考える学者もいます）。1年のうち最初に咲く花の一つで、根雪の下から花弁を伸ばし、地域によっては晩秋に咲くことも。希望、力、激しさ、期待を象徴するにふさわしい花です。

　ギリシャ神話にも何回か登場しますが、つねに情熱と関係しています。早熟な情熱を表すクロッカスは、ゼウスと妻ヘラの床に敷き詰められていました。この2人が愛を交わす場所には、必ずクロッカスが伸びていたのです。美青年クロコスとニンフ、スミラックスの話は有名で、2人はアテナ近くの森でふざけ合って過ごしていましたが、恋人のしつこさにうんざりしたスミラックスはクロコスを花に変えてしまいました。クロッカスの鮮やかなオレンジ色の斑は、決して絶えることのない情熱を表しています。

　花言葉としては、開花期間の短さから、「あなたを愛してしまうのが怖い」「そうなるといいけれど、怖い」を意味しています。

Le cours de la vie.

シクラメン

真摯で安定した愛

　繊細なシクラメンにまつわる伝説は数多くあり、ソロモン王はシクラメンのつぼみでできた冠をかぶっていたと言われます。ユダヤ人たちがバビロンに捕囚されると、花々は「ダヴィデの息子が再び王位に就き、エルサレムに王冠が戻ってくれば、私たちもまた頭を持ち上げましょう」と言い残して、しおれてしまったそうです（バビロン捕囚。紀元前6世紀にユダヤ人たちがバビロニア地方へ連行された事件）。

　古代や中世では、この球根植物がお産の助けになると信じられていましたが、同時に流産を引き起こすという迷信も流布していました。気品があり、奥ゆかしく頭を垂れている姿から、ルネサンス期以降は真摯で確かな愛のシンボルとなりました。日本ではヨーロッパにおけるバラのように、シクラメンが愛の象徴とされています。

　華やかで、深緑の厚い葉の上に薄紫や白い花弁が咲く姿は、多くの芸術家たちにインスピレーションを与えてきました。フランドル派の画家たちはシクラメンを通してキリストのゆるぎない愛を描き、レオナルド・ダ・ヴィンチも、手書き原稿の余白のあちこちにシクラメンの花冠を写しています。

PERSE

CYCLAMEN

ダリア

貞節、永遠の愛

　4万ほどの種があり、ポンポン咲きとカクタス咲きが特に有名です。メキシコ原産ですが、長い道のりを経て、ガーデニングの主役にまで昇りつめました。茎が空洞なため、アステカ人は「水の杖」と呼び、薬として栽培していました。

　長い間ヒマワリと混同され、宗教にまつわる言い伝えや民間伝承が多く残っています。けれども本格的に注目が集まったのは、スペインの船に載せられてヨーロッパへ渡った後のことで、4人の植物学者たちがこれをもとに最初の栽培変種を作出し、観葉植物としてのダリアが広く知られるようになったのです。

　アメリカ原産なので、ギリシャやローマ神話には登場せず、リトアニア神話の運命の女神ダリアも無関係です。ダリアの花の語源は、スウェーデンの植物学者アンデシュ・ダール。ただしダールはダリアを作出したわけでもなければ、知っていたわけでもありません。何しろダリアがヨーロッパに入ってきたのは、ダールの死から2年経った1791年だったのですから。けれども無名ながらも偉大なこの植物学者への敬意を表して、ダリアと命名されました。白は誘惑、黄色は貞節、赤は永遠の愛、とどれも素敵な花言葉です。

VÉRITABLE EXTRAIT DE VIANDE LIEBIG.

Le cours de la vie.

ジギタリス

熱心、仕事

「女羊飼いのサイコロ」「女羊飼いの手袋」「オオカミの尾」の異名は、ジギタリスの主なシンボル、熱心と仕事を連想させます。薄紫色や白い鐘型の房の大ぶりな花で、ルピナスと間違えやすいのですが、猛毒を含んでいるので要注意。

　ケルト神話には、この美しい毒花にまつわる話がいくつかあり、花弁の外側にある長い萼片（がくへん）から荒野の妖精が生まれたとしています。中世の薬剤師たちは、満月の夜に左手でこの花を摘んでいました。17世紀になると、女毒殺者たちはロウソクや指輪や洋服にジギタリスの汁を忍ばせて、標的の命を狙ったとか。ジギタリスを混ぜた液体を家の床にまけば、悪の力を抑えられるという迷信もあったそうです。

LES PLANTES UTILES

Plantes Médicinales

DIGITALE

エーデルワイス

純粋、愛国心

　アルプスの主役、スイスの国花であるエーデルワイスは、シベリアやヒマラヤ高地原産と考えられます。こうした高地には約30の野生品種が生息しています。異国の植物は、恐れを知らぬ植物学者たちによってヨーロッパへ持ち込まれるパターンが多いのですが、エーデルワイスは氷河期に自然と移ってきたようです。

　近代では、アドルフ・ヒトラーに愛され、ドイツ国防軍山岳猟兵の紋章に採用されたため、ナチズムに関係する花とも認識されています。皮肉にも、ヒトラーに抵抗する子どもや若者からなるエーデルヴァイス海賊団のシンボルもエーデルワイス。1965年、アメリカ映画『サウンド・オブ・ミュージック』で取り上げられて以降、純粋さと愛国心の象徴となりました。

　その起源については様々な言い伝えが残っていますが、最も有名なのが、山頂の氷の中で暮らしていた雪の女王の話でしょう。女王の妙なる声に多くの男性が求婚しましたが、女王は人を愛することを知らず、恋人ができても飽きてしまって、崖の上から突き落としていました。そんなある日、一人の羊飼いが女王の心を奪います。けれども地の精霊ノームが嫉妬心を燃やして、羊飼いを谷底に投げ落としてしまいます。愛する羊飼いの死を知った女王は涙を流し、涙は岩を伝って、そこからエーデルワイスが現れたそうです。

SUISSE

EDELWEIS PANICOT

イヌバラ

生命、力、幸福、健康

――――――――――――

　バラの野性的な従姉妹的存在で、鋭い棘に覆われているため、「ドッグローズ（*Rosa canina*）」という学名がついています。アメリカ先住民は生命のシンボルとし、パイユート族やネズ・パース族など多くの部族は、イヌバラが幽霊や悪霊を遠ざけると信じていました。家の前に植えられることが多いのもそのためです。

　同じ理由から、喪に服している人や、悪霊に憑かれていそうな人の服のポケットにイヌバラが入れられていました。赤ちゃんに生命力をもたらすため、花の咲いたイヌバラの枝をゆりかごに括りつける習慣もありました。ベッドリネンや服の刺繍モチーフとしてもおなじみで、実であるローズヒップを使ったお菓子を食べると、幸せと健康に恵まれると言われます。

――――――――――――

PEPTONE DE VIANDE DE LA Cie LIEBIG.

Enfants fleuris.

Eglantine.   Capucine.

ゼラニウム

知恵、知識

　空気のように軽やかなゼラニウム。ゼラニウムという語には、植物学上のゼラニウムであるフウロソウ属（*Geranium*）と、一般的にゼラニウムと呼ばれる観賞用のテンジクアオイ属（*Pelargonium*）の両方が含まれ、前者は鶴を意味するギリシャ語の「ゲラニオス（geranios）」、後者はコウノトリを意味するラテン語の「ペラルゴニウム（pelargonium）」から来ています。最も一般的な花の一つで、咲いていない地域はないと言っても過言ではありません。

　鳥にちなんで、知恵や知識のシンボルとされています。アラビアの伝説によれば、ある日預言者マホメットが肌着を乾かそうと、日の当たる植物にかけておいたところ、華やかなゼラニウムの花が伸びてきて肌着を覆ったとか。

　花の種類は400以上とも言われ、花にまつわる迷信もそれに劣らぬほどたくさん残っています。例えばアメリカ北東部ニューイングランドでは、ゼラニウムを置いておけばヘビが近寄ってこないとか、花が下を向いていたら、心が後ろ向きになっている印と信じられていました。ピンク色のゼラニウムは、恋占いに使われました。

GERANIUM. ZIE KEERZIJDE.

ウォールフラワー
根気、勇気、逆境の中の誠意

黄色や真紅の花が咲き、ほかの花なら嫌がるような不毛な土地や石垣に伸びています。春に植えても翌年にならないと生えてきませんが、早咲きなのでミツバチを引き寄せ、果樹の送粉に重要な役割を果たします。カラシナやキャベツの花に似ていて、とてもロマンティックなスコットランド神話のヒロインでもあります。

14世紀、マー伯爵令嬢はある若者と愛し合っていましたが、伯爵は娘の結婚を許さず、2人を会わせないよう、娘を塔に閉じ込めました。令嬢は愛する人に会いたい一心で塔をよじ登って逃げようとしますが、命を落としてしまい、花に変わりました。これがウォールフラワーとなったのです。イギリスではとても有名な話で、17世紀の高名な詩人ロバート・ヘリックや19世紀のウィリアム・ワーズワースも、この悲恋をモチーフにした詩を綴っています。

LE LANGAGE DES FLEURS

Buónicourt

GIROFLÉE-CONSTANCE

グラジオラス

力、誇り、強い愛

　背が高く堂々としたグラジオラス。学名であるラテン語「グラジオラス（*gladiolus*）」は古代ローマの剣。確かに葉の形は剣闘士たちの短剣を思わせます。すでに古代ローマでは力、勝利、誇りのシンボルで、戦いに勝利したグラディエーターはたくさんのグラジオラスを贈られました。ユダヤ人はこの英雄の花をモチーフに宝石を加工したり、タペストリーや織物を作ったりしていました。

　古代には自生していましたが、19世紀になるとすらりと華やかな花姿や豊かな色彩が花の愛好家たちに好まれ、西方へと入ってきました。ゴージャスな佇まいで、日本では、女性の芯の強さを表すのに、タトゥーのモチーフとして使われることもあります。夏から初秋にかけて咲き、強くまっすぐな愛の印でもあります。8月の出産祝いにはぴったりの花ですが、茎が剣のように頑健なことから、「あなたは私の心を突き刺す」という意味もあるので、恋人には贈らない方が無難かもしれません。

藤

長寿、忍耐力、祈り

　藤は軽く100年は生き、日本には樹齢1200年という最長記録もあります。美しい姿で、豊かに咲き誇り、うっとりするような香り、とたくさんの長所があるため、記憶、忍耐力、創造力、活力など様々なことを象徴しています。つる植物で、どんなに厳しい気候にも耐えられるので、悲しみや困難の克服を表す花でもあります。

　仏教では、垂れた花房が祈りと瞑想の完璧なシンボルとされ、日本では藤娘の話が語り継がれています。これは藤を一本手にした着物姿の娘の絵をヒントに、1820年代に書かれた演目で、恋に落ちた娘は愛する人に会いたいあまり、絵から出ようと決意しますが、すげなく扱われて絵の中に戻りました。絵には、娘の流す涙のように藤の花が咲き乱れています。

Cueillette de glycine

ウスベニタチアオイ

治癒、優しさ、情け深さ

学名をアルタエア・オフィキナリス(*Althaea officinalis*)と言い、ギリシャ神話の王オイネウスの妻で、治癒の女神アルタイアーを語源としています。大ぶりで華やかなつる植物で、昔から緩和効果が知られており、時代が下るとマシュマロ作りに使われました。

すでに古代ギリシャの医師ヒポクラテスの時代には鎮静効果が謳われ、中世には、虚言の罪で焼きごて刑に処されても、ウスベニタチアオイの根の軟膏を手のひらにすり込めば、痛みを我慢できると信じられていました。そこから派生して、悪霊を寄せ付けないとの迷信も広がりました。

LANGAGE des FLEURS

Guimauve

ヘリオトロープ

情熱、永遠の愛

　「ヘリオ」は「太陽の」を意味します。ヘリオトロープの葉はいつも太陽の方に向いているのです。ギリシャ神話には、この花の誕生にまつわるニンフ、クリュティエの物語があります。太陽神ヘリオスは美しい瞳のペルシャ王女レウコトエを愛し、恋人だったクリュティエは捨てられてしまいます。哀れなクリュティエは何日もの間何も喉を通らず衰弱する一方で、愛する人が炎の馬車を駆る太陽の方を、ひたすら眺めていました。あまりに長い間身じろぎもしなかったので、少しずつ根が生えて、太陽を熱愛する薄紫色の花ヘリオトロープに変わったそうです。

　「姿は変われど、愛する人への情熱は変わらず」とは古代ローマの詩人オウィディウスによる『変身物語』の中の一節です。この話にはいくつかのバリエーションがあり、レウコトエの父は娘が神に恋したと知って激怒して生き埋めにしたため、悲しみに沈むヘリオスは9日の間、ニンフに目もくれずに空を彷徨したとか、クリュティエは海神オケアノスの娘たちオケアニデスの一人で、夜になると姉妹たちは波間に戻っていったのに、クリュティエだけは海岸に残って太陽神から目を離さなかったので、哀れに思ったヘリオスが彼女を花に変えたという話も残っています。

HÉLIOTROPE

アジサイ

裏切り、精神の高揚

　中国では14-17世紀の明の時代から、上海一帯の地域でアジサイ属の花が栽培されており、たっぷりとした花の房は画家たちに愛されました。日本では、アジサイ属は日本原産で中国に渡ったと考えられています。仏陀が生まれた日に、9頭のドラゴンが赤ん坊の上にアジサイの仲間のお茶を注いだとの言い伝えも残っていて、現在でも仏教の儀式ではこの甘茶が飲まれています。

　かつて用いられていたアジサイ属の一品種の名称オタクサ（*Otaksa*）は、1823年頃に来日し、ヨーロッパにアジサイを紹介したドイツ人植物学者シーボルトによる命名で、大阪の花街で芸者をしていた愛人おタキにちなんで付けられました。

　19世紀の間中、ヨーロッパの遠征隊は中国や日本からあらゆる種類のアジサイを持ち込み、それらはイギリスやブルターニュでしっかりと順化しました。花の色を左右するのは土壌で、色の多様性や量感豊かな花姿は、日本の歌人たちを思考から解き放たれた瞑想へと誘いました。と同時に、青からバラ色へと変わる様は裏切りを連想させるとして、武士の庭には禁断の花でもありました。

HORTENSIA.

セイヨウヒイラギ

イエス・キリスト、新年、冷淡

華やかで、キリスト教ではイエスにゆかりのある植物です。聖家族はヘロデ王の幼児殺しからエジプトへと逃れるときに、大きなヒイラギの茂みに身を隠しました。聖母マリアはこの茂みを祝福して、自分たちを守ってくれた木が主の永遠の命の印として変わることなく緑でありますように、と願ったと伝わっています。

救い主イエスの流した血のように赤い実をつけるヒイラギは、北ヨーロッパでは「キリストの苦難」と呼ばれ、キリスト教徒たちのために犠牲になったイエスの苦悩を伝えています。年が明けると人々はヒイラギの木の下で新年のお祝いの言葉を交わします。冬にもくじけない生命力あふれる枝は、力と命をもたらすと言われています。

スカンジナビアの神話にも登場し、神トールの家の前にも植えられて、避雷針のように雷から守っていました。ヴィクトリア朝時代のロマン派の編み出した花言葉はこうした解釈から離れて、硬くとがった葉を「冷淡」の象徴としました。冷たい人と思われないためにも、恋人にはプレゼントしない方がいいかもしれません。

HOUX

アサガオ

死、再生

　アサガオの属すサツマイモ属の名称「イポメア」は、ギリシャ語のミミズ「イポ（ipo）」と「類似」を意味する「ホモイオス（homoios）」を語源としています。確かに、細い茎はミミズのようにのたくっています。アメリカで「モーニング・グローリー（朝の栄光）」とも呼ばれるのは、直径10cmにも達する花が朝に開くから。このかりそめの花は夜になると閉じるため、死と再生の象徴とされています。

　サツマイモ属には700種ほどありますが、ほとんどが南アメリカ原産で、黒く小さな種子には幻覚作用があり、シャーマン（巫女や祈祷師）の神託の儀式によく用いられました。飲み物に混ぜると、死者と交信できるとか。アステカの神官たちは、種子とタバコの葉や虫を一緒に潰したものを体に塗ってから、神にいけにえをささげていました。彼らは種子によって、いけにえになった人間が死者の国へと渡り、再生することができると信じていたのです。ゴムノキのようにべたべたとした汁を分泌し、アステカやマヤの人々はこれを使ってボールや靴底を作っていました。

IPOMÉE

アヤメ

よい報せ、熱意、信頼、王権

　　ギリシャ神話のイリス（アヤメ）は神のメッセンジャーで、女神
ヘラのお気に入りでした。イリスは吉報ばかりを運んでくるの
です。虹を渡って、神からのメッセージを人間に伝えると言われ
ますが、神話にはいくつかのバリエーションがあり、神々は感謝
の気持ちからイリスを虹に変え、虹は雨が止んだあとに晴天を
知らせるようになったという話もあります。

　　イリスとこの花が結び付けられたのは、もっとあとの13世紀
になってからのことで、以降白いアヤメは熱意、青いアヤメは信
頼の象徴とされています。フランスでは王権のシンボルでもあ
ります。フランス王家と言えばユリの花ですが、実はこれはアヤ
メを指しているのです（フランス語のユリは「リス」、アヤメは
「イリス」）。アヤメをフランス王家の花としたのは、フランス最
初のキリスト教徒王クロヴィス1世。ある世捨て人が天使から
アヤメの描かれた盾を授けられ、これをクロヴィスに献上しまし
た。王は盾のおかげで、西ゴート族との大戦に勝利を収めたと
伝わっています。

ヒヤシンス

根気、悲しみ、気品、嫉妬

　ギリシャ神話に登場するヒュアキントス（ヒヤシンス）は大変な美少年。ニンフ、アルギオペも、光と芸術の神アポロンも、西風の神ゼピュロスも夢中になりました。けれどもゼピュロスは恋敵たちに嫉妬して、円盤投げの最中にヒュアキントスに重傷を負わせ、死なせてしまいます。アポロンは黄泉の神ハデスが遺体を冥界へ運ぶのをよしとせず、ヒュアキントスの血で花を作りました。その花、ヒヤシンスの花弁には美少年の苦痛が刻まれています。ヒュアキントスはスパルタの近く、アミュークライに埋葬されました。

　ヒヤシンスの花弁にはギリシャ神話の英雄アイアスの名の最初の2文字が読み取れる、という説もあります。アイアスは親友アキレウスの亡きあと、彼の武器を譲り受ける権利を主張しましたが、かなえられず、憤死してしまい、ヒヤシンスに変えられたというのです。

　花言葉は色によって異なり、青いヒヤシンスは根気、薄紫色は悲しみ、赤とピンクは茶目っ気、白は気品、黄色は嫉妬を表しています。豊かな色彩とえも言われぬ香りのヒヤシンスは、春を告げる球根植物の代表です。

JACINTHE (Bienveillance)

ジャスミン

官能的な愛、美、純粋

ペルシャ語で神の贈り物を意味する「ヤサミーン(yasa-min)」が語源で、豊かな香りと無垢の白さから、アジアではスター級の花です。何世紀もの間、美と女性の魅力と結び付けられ、インドではジャスミンの花で作った首飾りは神への特別なささげもの、結婚式に不可欠のアイテムです。ヨーロッパの結婚式でも花嫁のブーケに多用されますが、オリエント起源の花であることは忘れられがちです。エキゾティックなこの花は17世紀にトスカーナ公によりイタリアに持ち込まれ、以降様々な伝説が生まれました。例えば公爵の庭師はあまりに貧しくて恋人と結婚できないでいましたが、ジャスミンをこっそりプレゼントしました。恋人がこれを植えると、根付いて成長し、2人はジャスミンの商売でお金を手にし、結婚して幸せに暮らしたとか。

ハワイ、インドネシア、パキスタン、フィリピンなど、ジャスミンをシンボルとする国や地域もあります。シリアのダマスカスは、どの家の前にもジャスミンが咲いていたので、「ジャスミンの町」と呼ばれました。2010年から2011年にかけてチュニジアに革命が勃発すると、初めて革命の名前にも。白いジャスミンはチュニジアを代表する花でもあり、純粋さ、生きる喜び、寛容を象徴することから、革命の名前として選ばれたのです。

花言葉としては、官能的な愛を表しています。

TURQUIE

JASMIN

キョウチクトウ

甘美、慎重

　　地中海沿岸を彩る鮮やかな花で、コート・ダジュールの村々にはピンクや赤や白の花が咲き乱れます。紀元前3世紀にはすでに知られており、古代ギリシャの哲学者テオプラストスも著作『植物誌』の中で言及しています。

　　神話における起源を記したのはオウィディウスで、とても美しいニンフ、ダプネがこの花に変身したのだとか。愛を司る神エロス（クピド）はアポロンに腹を立てていて、復讐したいと思っていました。そこで2本の矢を放つと、金でできた最初の1本はアポロンに刺さり、アポロンはダプネに情熱的な恋心を抱きました。鉛でできた2本目の矢はダプネに刺さり、ダプネはアポロンを毛嫌いするようになりました。魔法にかかったアポロンはしつこくダプネに付きまとい、絶望したダプネは父、川の神ペネイオスに頼んで、キョウチクトウに姿を変えてもらったのです。この話にはバリエーションがあり、ダプネは川の神ラドンとガイアの娘で、狩りの女神アルテミスに仕えていたのですが、独立心が強いあまり結婚を拒否し、アポロンの求婚に折れるよりもキョウチクトウに姿を変えてもらう方を選んだとも伝えられています（ダプネはゲッケイジュに変身したという説もあります。ダプネはギリシャ語でゲッケイジュを指します。フランス語でキョウチクトウは、ローリエ・ローズ、すなわちピンク色のゲッケイジュです）。

ALGÉRIE

LAURIER ROSE

セイヨウキヅタ

友情、永遠の忠誠、死

　1年中青々と茂り、殺風景な壁を力強くつたって美しく彩るつる植物です。たくさんの長所を備えていて、愛情や深い気持ちのシンボル、墓地や死にゆかりがあります。頑健で華やかで、手がかからないからということもありますが、古代エジプトで豊穣と冥界の神オシリスにささげられた聖なる植物だったことが大きな理由でしょう。

　ところ変われば品変わるの言葉通り、古代ギリシャでは軽妙な詩と喜劇を司るムーサ（ミューズ）、タレイアと結び付いていました。当時、ブドウやキヅタはぶどう酒の神ディオニュソスの植物とも考えられていました。その昔、寝床と食事を提供する旅籠がヨーロッパで広まり始めたばかりの頃に、柱や壁がキヅタに覆われていたのもそのためです。

　セイヨウキヅタの学名はヘデラ・ヘリックス（*Hedera helix*）。長年にわたり、様々な伝説や迷信が伝えられてきました。家の壁をキヅタで覆えば、魔女から守ってくれるとか、新年の夜にツタを1本花びんに入れておいて、12日後にも生き生きとしていれば、1年の幸先がいいと言われています。

LANGAGE des FLEURS
Lierre
AMITIÉ

ライラック

若さ、初めてのときめき

　ギリシャ神話には、ニンフ、シリンガが森と野の神パーンにしつこく追いかけられて、最後にはライラックに身を変えたとの話が残っています。ライラックの語源は、ペルシャ語で薄青を意味する「ニラック（nilak）」で、アラビア語の「リラック（lilak）」に変化し、ライラックがペルシャ語圏からアラビア語圏を経由して、フランスにたどり着いたことを示しています。

　惜しげもなく繊細な花を咲かせ、多くの画家の制作意欲をかきたてました。中でも、エドゥアール・マネの『白いライラック』（1882年）は有名です。アメリカでは、ウォルト・ホイットマンによる『先頃ライラックが前庭に咲いたとき』と題した詩が愛読されています。ホイットマンは南北戦争中、エイブラハム・リンカーン大統領をたたえる詩を綴りましたが、『先頃……』はフランスで言えば、『さくらんぼの実る頃』に匹敵するほどの人気を誇っています。

　薄紫色のライラックは初恋にこそ似つかわしい花。一途な恋心や、若者ならではのまっすぐな感情を表しています。白いライラックは若者の純粋さを象徴し、キヅタと合わせて花嫁のブーケにアレンジされ、燃えるような愛といつまでも続く絆を表現します。

VÉRITABLE EXTRAIT DE VIANDE LIEBIG.

Le cours de la vie

アマ

実用性

　世界最古の栽培自然繊維であり、ジョージア（旧グルジア）では3万6000年前のアマの種子が見つかっています。用途の広い植物で、太古からあらゆる宗教儀式に用いられてきました。旧約聖書によれば、ヤコブの息子ヨセフはアマ布（リネン）で作った服を着ていたそうです。聖書では服のほか、体を拭いたり、テーブルにかけたり、旗や糸にしたりと様々に使われています。古代エジプトではミイラを薄いアマ布で包み、近くに種子を置いて、死者が黄泉の世界に持っていけるようにしました。

　アマの栽培と織物に関する最初の逸話はゲルマン神話に残されており、女神ヒルダが人間にこうした技術を教えたとされています。オーストリア、チロル地方にはヒルダの城に続くとされる洞窟があり、土地の言い伝えによれば、女神はアマの花咲く草原を祝福したのちにこの城にずっと住んでいるのだとか。アマは北アイルランドやベラルーシのシンボルでもあります。

SYRIE

LIN ROSE

ユリ

スピリチュアリティ、結婚、母性、純粋

香り豊かで大ぶりなユリの歴史はとても古く、すでに聖書にもイスラエルの民を表す伝統的な花として登場します。古代ローマのユダヤ人の墓石には、6枚の花弁のユリが刻まれており、ユダヤの六角星もこの花を様式化したものです。新約聖書『マタイによる福音書』にも、ユリを指して「野の花がどうして育っているか、考えてみるがよい。働きもせず、紡ぎもしない。しかし、あなたがたに言うが、栄華をきわめた時のソロモンでさえ、この花の一つほどにも着飾ってはいなかった」と記されています。キリスト教では特に聖処女マリアと結び付いており、大天使ガブリエルがユリの花をマリアに差し出して、イエスを身ごもったことを伝える受胎告知の作品がいくつもあります。ギリシャ神話では、ユリは結婚と豊穣の女神ヘラの乳から生まれたと言われています。

いつの時代も、スピリチュアリティ、永遠の結婚、母性の象徴だったのですから、花嫁のブーケを飾るのも納得です。日本では白ユリは純粋さの象徴であり、1681年に書かれた日本最古の園芸書『花壇綱目』でも言及されています。

花言葉としてはオレンジ色のユリは情熱、黄色は喜びを表します。

LIEBIG'S Fleisch-Extract.

ヒルガオ

再生、豊穣、生命力

野生のつる植物でどこにでも生えて雑草の扱いですが、「神様の肌着」「白昼の美女」「野のユリ」「処女の鈴」との呼び名からはこの花の人気のほどがうかがわれます。

古代ローマの大プリニウスからは死者の花と呼ばれ、古代エジプトの絵にもしばしば見られます。ツタンカーメンなどファラオの墓に、パピルスの茎と共に描かれ、再生と豊穣を象徴していました。古代エジプト人たちは主にヒルガオの生命力や、矢じりのような三角の葉の形を好みましたが、鐘形の花も青い蓮と共に、牧歌的な場面を描いたフレスコ画に頻繁に登場します。螺旋状の茎は、ミイラや恋人に贈る花束を結ぶひもとして使われていました。

時代が下り20世紀初頭になると、アールデコの芸術家たちに愛され、宝石や建築装飾に様式化したヒルガオが多用されました。

蓮

純粋、生まれ変わり

　古代ローマの詩人オウィディウスの『変身物語』によれば、ナイアス（泉や川のニンフ）であるロティスは自分に言い寄ってくる庭園と羊飼いの神プリアポスから逃れようと、蓮に身をやつしたとか（蓮はフランス語でロテュス、英語でロータス）。

　「聖なる蓮」「オリエントの蓮」とも呼ばれ、ヨーロッパではあまりポピュラーではありませんが、ヒンドゥー教や仏教では重要な花です。ヒンドゥー教では天地創造や美の神と結び付いており、蓮の上に座る神々を描いた絵も数多くあります。あぐらを組んだ瞑想姿勢がロータスポーズと呼ばれるのもこのためで、世界中のヨガ実践者たちが行っています。仏教でも重要な花で、お釈迦様の歩いた跡には蓮が咲くとされています。

　水生植物で、カップ咲きの華麗な花が水から伸びます。その花姿は煩悩や苦悩のぬかるみを超えて心身の清澄へと向かう力を想起させ、人間の命の象徴と考えられています。古代エジプトでは、夜になると閉じて水に潜り、翌朝再び現れて花開いて生まれ変わりを表すとされました。ファラオの墓の壁画に描かれているのもそのためです。

ヒナギク

純愛、無垢、初々しさ

「好き、きらい」の恋占いでおなじみの野の花です。

ローマ神話によれば、森のニンフ、ベリデスは、果樹の神ウェルトゥムヌスに求愛されますが、純潔を守ろうとヒナギクに姿を変えたのだとか。考古学者たちがクノッソスのミノスの宮殿で発見した髪留めにもヒナギクの装飾があしらわれており、4000年以上前のものと推定されます。

キリスト教においては、聖書に出てくるマグダラのマリアの流した涙が、この清楚な花になったとされます。中世の騎士たちは、ヒナギクの首飾りをつけて馬上試合に出場し、愛する貴婦人への気持ちを表しました。

アングロサクソンの人々からは、「神の微笑み」とか「太陽の目(デイズ・アイ)」と呼ばれ、これが変化して英語名「デイジー」となりました。ヴィクトリア朝時代には、デイジーを一つかみし、摘んだ本数が結婚までの年数というゲームがありました。ケルト文化の地域では、ヒナギクは死産の赤子たちの魂で、この世に戻ってきて両親たちをなぐさめ、明るい気持ちにしようとしているのだと伝わっています(一般的には、フランス語のマルグリットすなわちマーガレットは、マーガレットとデイジーの両方に対して使われます)。

LE LANGAGE DES FLEURS

MARGUERITE (INNOCENCE)

ミモザ

愛、不死、女性らしさ

ミモザの語源は、ギリシャ語で真似を意味する「ミモス（mimos）」。「寡黙な愛は退屈な愛」のメッセージを伝える花です。毎年冬のコート・ダジュールをほっこりとした黄色い花で彩るこの低木は、アカシア属に属しており、フリーメーソンの間では、復活と不死のシンボルとされています。

インドにも分布し、いくつかの伝説が残っています。その中の一つが、人間と精霊の恋の話。神は、精霊が決して恋人の全裸を見ないことという条件で、2人が愛し合うのを許しましたが、精霊は約束を守れませんでした。男性は愛する精霊を失わないために、自らをいけにえにしました。彼はミモザの枝を燃やして炎の上に横たわり、そして自然の精霊ガンダルヴァとなったのです。

原産地オーストラリアでは、9月1日に同属のゴールデンワトルという花と共に春の回帰を祝います。生き生きと咲き乱れ、一見はかなげに見えて力強いこの花は、1946年に国際女性デーのシンボルとされました（ミモザは本来オジギソウ属を指しますが、誤ってアカシア属フサアカシアがミモザと呼ばれ、現在では後者がミモザと呼ばれるようになりました）。

LE LANGAGE DES FLEURS

Buznicourt

Quand vous méditez un projet
Ne publiez point votre affaire
On se repent toujours d'un langage indiscret
Et presque jamais du mystère

Panard.

DEVISE: « Qu'on ignore
notre Amour »

MIMOSA-DISCRÉTION

スズラン

幸福、命、再生、喜び

花言葉は幸福の回帰。これは、1輪のスズランが毎年春にやってくるナイチンゲールに恋をした、という民間伝承から来ています。5月を象徴する花で、ギリシャ神話によれば、9人のムーサ（ミューズ）が足を傷めないようにと、太陽神アポロンがスズランで地面を覆ったとか。キリスト教ではマリア崇拝と結び付き、聖母が十字架のもとで流した涙がスズランになったと言われます。エヴァがエデンの園を去るときに流した涙がスズランになったとする説も。北方神話にも登場し、スカンジナビアの国々では、命を象徴する夜明けと春の女神オスタラの花とされています。

ヨーロッパ全域において、再生、純粋さ、喜びを象徴し、1561年にはフランス王シャルル9世が、初めて幸福のお守りとしてスズランをプレゼントしたそうです。フランスでは5月1日にスズランを贈る習慣があります。5月1日と言えば19世紀末に始まるメーデーですが、この2つが結び付けられたのは20世紀に入ってからのことです。

Au printemps.

VÉRITABLE EXTRAIT DE VIANDE
LIEBIG.

水 仙

虚栄、利己主義、チャンス

この花にまつわるナルキッソスの伝説は世界的に有名です。詩人オウィディウスの『変身物語』によれば、ナルキッソスの出生時、巫女は、この子は自分を知らないまま育てば長生きするだろうと予言しました。大変な美少年に成長したナルキッソスは、とてもプライドが高く冷淡で、心を寄せてくる女性に見向きもしませんでした。彼に恋い焦がれるニンフのエコーは、女神ネメシスに彼を変えてくれるように願います。すると、ある日狩りから戻ったナルキッソスが湖の水を飲んでいると、水に映った自分の姿に恋をしてしまいました。絶対にかなわないこの恋に理性を失った彼は、自らの命を絶ちました。以降、水へと乗り出すように咲くこの花は水仙（ナルシス）と呼ばれているのです。

水仙は美しくも毒を含んだ花。春の象徴であり、ヨーロッパではラッパスイセンが一般的ですが、キズイセンと混同されることもしばしばです。中国では鮮やかな黄色が好まれて、新年が幸運と富に恵まれるようにと、旧正月に合わせて栽培されています。原産地の一つと考えられるイランでの名称はナルギスで、女性の名前としてもとてもポピュラーです。

NARCISSE

睡 蓮
豊かさ、豊穣、死

––––––––

　フランス語ではネニュファールと呼ばれ、エジプト語の「美女
（nanouphar）」が語源と考えられます。水生植物で池の上で
開花するため、マヤ文明では、地、水、植生、地底世界と結び
付けられて、豊かさや豊穣の象徴とされました。夜に閉じて朝
花開き、暗く濁った水の上に咲く睡蓮は、蓮と同じく創造と復
活のシンボルでもあり、蓮と混同されることもしばしばです。

　古代では死と弔いの儀式にまつわる花でもありました。フラ
ンスの作家ボリス・ヴィアンが1947年に発表した『うたかたの
日々』は、睡蓮の象徴にインスピレーションを受けた小説で、広
く愛読されています。コランとクロエは恋人同士ですが、クロエ
の肺の中に睡蓮ができて、ついには死んでしまいます。クロー
ド・モネはパリ郊外ジヴェルニーの睡蓮に刺激され、名作『睡
蓮』を描き上げました。

　花言葉としては、摘むのが難しいことから、「君の心は冷たく
て、この愛を受け止めてくれない」を意味します。

––––––––

NENUPHAR

カーネーション

反論、弔い、愛

17世紀フランスの劇作家モリエールは襟にカーネーションを挿してこの世を去り、19世紀アイルランドの詩人オスカー・ワイルドはつねに緑のカーネーションを身に着け、この花はヴィクトリア朝時代のイギリスにおける同性愛者のシンボルとなりました。世界各地で、カーネーションと政治的抵抗には特別なつながりがあり、フランスの王党派、ポルトガルの独裁者サラザールに抵抗する反体制派、ドイツのキリスト教民主同盟のシンボルとなりました。

同時に弔いの花でもあり、イタリア、トルコ、メキシコでは葬儀の花輪に多用されます。赤いカーネーションは情熱的な愛の印。労働者運動の象徴でもあり、5月1日のメーデーの花でもあります。色を問わず、ベルギーのフランドル地方では約束と安定した愛、アメリカでは親を思う心のシンボルとされ、母の日のプレゼントの定番です。アジアでも人気が高く、韓国では若い女性たちが占いに使います。開花したカーネーションを3輪髪に飾り、一番上の花が最初に枯れれば若いときに苦労する、真中の花が最初に枯れれば中年で苦労する、一番下の花ならば老年で苦労する、と言われています。

学名のディアントゥス（*Dianthus*）はギリシャ語の神「ディオス（dios）」と花「アントス（anthos）」から来ていて、神ゼウスの花とされています。ゼウスと同じく、カーネーションも地中海地方生まれです。

LE LANGAGE DES FLEURS

OEILLET (ARDEUR)

オレンジ

愛、結婚、無垢

　春になると、オレンジの木に小さな白い花が咲きます。苦い実をつけるビターオレンジの花はうっとりするような香りで、フランス王ルイ13世の母后マリー・ド・メディシスは好んで化粧品として用いました。17世紀になると、ネーロラ公妃マリー＝アンヌ・ド・ラ・トレモイユが初めてビターオレンジの精油であるネロリを用いたことから、香水の世界でも使われるように。公妃は、ネロリで皮手袋やお風呂のお湯に香り付けをしていました。この香りには催淫作用もあるとか。ギリシャ神話には、神ゼウスが妻ヘラにオレンジの花を贈ったこと、神々だけに許されていたヘスペリデスの園は「黄金のリンゴの園」とも呼ばれ、オレンジがたわわに実っていたことが記されています。

　昔からオレンジの花は幸福、愛、結婚と結び付き、純白の花弁は女性の無垢や純真さの印とされてきました。1年中青々とした葉は生涯続く愛のシンボルであり、果実は立派な子孫が続いていくようにとの願いを表しています。17世紀フランスのセヴィニェ侯爵夫人が娘に宛てた書簡集は有名ですが、ある手紙には、この白くて小さな花の香りに夢中だと書かれています。中国南部原産で、8世紀にアラビア人によりシリアに持ち込まれ、その後地中海盆地に広がりました。

ITALIE

ORANGER

蘭

エロティシズム、誘惑

　蘭は英語ではオーキッド、フランス語ではオルキデと呼ばれます。語源の古ギリシャ語「オルキス(orchis)」は睾丸を意味し、当初は球根が睾丸に似ている蘭の一種を指していました。ギリシャ神話では、ニンフとサテュロス(ヤギの耳、足、尾を持つ半神半獣)の子オルキスが蘭に変身したと言われています。

　西暦1世紀の医師ディオスコリデスは、蘭は性方面に効力があると考えました。いつの時代も精力、多産、エロティシズム、女性器と結び付けて考えられてきたのは、その扇情的な形状ゆえでしょう。古代ギリシャでは、蘭は赤ちゃんの性別さえをも左右すると信じられており、男の子が欲しいなら、男性は蘭の太くて大きな根を食べ、女の子が欲しければ小さい根を食べるとよいとされていました。中国や日本では、その美しさと高い芸術性が愛され、儒教では、蘭は完璧で申し分のない男性の姿で、友情の香りがすると言われています。

　ラン科は野生種2万以上、交配種10万以上と言われ、キク科と並んで世界で最も普及している科です。蘭はベネズエラ、コロンビア、コスタリカ、シンガポールの国花でもあります。

H.Thiriet

Orchidée

ケシ

閑静、睡眠

　ケシ属の中でも最も有名なのがアヘンに使われるソムニフェルム種（*Papaver somniferum*）です。その効果は人類初期から知られており、考古学調査により、すでに新石器時代にも使われていたことがわかりました。

　シュメール人たちはこの「喜びの葉」を大いに消費し、その向精神効果に通じていました。永遠の安らぎの象徴でもあり、古代エジプトのファラオの墓にもたびたび描かれました。紀元前15世紀のエジプト医学は、泣き止まない子どもを鎮静させるのにソムニフェルム種を勧めており、「エーベルス・パピルス」と呼ばれる古代エジプトの医学資料にも同様の記述があります。ソムニフェルム種は幸福感をもたらし、催淫効果があることで知られ、ヤシ酒と混ぜたものはクレオパトラの好物でした。

　ギリシャ神話によれば、ケシは眠りの神ヒュプノスの聖なる植物で、種を手にしてうつらうつらしている姿がよく描かれています。コス島のアスクレピオス神殿では、特殊な睡眠治療にケシが使われていて、予知夢をもたらすとされていました。小麦や大麦の畑に自生するので、農耕の女神デメテルにささげられた植物でもあります。

CAFÉ DES GOURMETS

✳ PAVOT ✳

桃

長寿、無垢、純潔

　桃の学名「プルヌス・ペルシカ（*Prunus persica*）」は、ペルシャ（現イラン）にたくさん生息していることに由来しますが、原産地は中国です。アレクサンドロス大王の隊商がギリシャに持ち込み、南ヨーロッパ全域に広がりました。中国では最も多くの象徴を担った木で、樹木とその色は悪魔を祓い、花弁は人間に魔法をかけ、果実は（よく知られている桃源郷の物語によれば）「数千年に1度熟す」と言われていました。崑崙山には、仙女たちの女神、西王母の園があり、桃の木が生えていると伝わっています。現在でも、旧正月には家の前に桃の枝を置き、邪気が寄り付かないようにしています。中国では、桃の花の描かれた花瓶の贈り物には、長寿の願いが込められています。同じく長寿を願って、桃の木で作られた小ぶりな彫像もたくさんあります。

　日本では、桃の木は無垢や純潔の象徴とされ、結婚のお祝いに用いられることも。ベトナムでは赤い桃の花にまつわる、高級官吏の娘と山の貧しい若者の美しい悲恋話があり、これにちなんでベトナムの旧正月、テトのお祝いでは、花の咲いた桃の枝を1輪花瓶に飾ります。

LA FLEUR DU PÊCHER

パンジー

友情や恋の思い出

　紫色の園芸植物で、春から晩秋にかけて咲きます。高い人気の秘密は、こうした長い開花期間にあるのかもしれません。とても育てやすく、名前も愛らしいので、一昔前の庭では引っ張りだこでした。交配により比較的近代に誕生したため、パンジーにまつわる古い話はありませんが、それでもスポーツに関するエピソードやほろりとする逸話が残っています。例えばアメリカではフットボール・フラワーと呼ばれていますが、これはミルウォーキーのサッカークラブが白い菊と黒いパンジーを使って飾り用のボールを作ったことから来ています。

　花言葉としては、青いパンジーは「私たちの愛を信じている」というメッセージ。パンジーには匂いがありませんが、あるドイツの昔話がその理由を教えてくれています。パンジーがまだスミレだった頃、スミレは大変な人気で、人々は大挙して野に出かけて摘んでいました。けれども牧草が踏みにじられてしまい、家畜たちには食べるものがなくなってしまいました。そこで花は、人々を惹きつけるこの香りを自分から取り除いてくださいと祈り、その願いが聞き届けられたのです。

　パンジーはイギリスの庭で生まれたとされています。ウォルトン・オン・テムズに住んでいたレディ・メアリー・エリザベス・ベネットはスミレの熱烈な愛好家で、様々な種類を集めて栽培していましたが、庭師のウィリアム・リチャードソンが初めて変種を作出し、これが世界中で大人気を博したのです。

PENSÉE (Souvenir)

スノードロップ

希望、優しさ

　小さな白いつぼみが薄く積もった雪の間から伸びている姿に、心を打たれない人はいません。学名「ガラントゥス・ニヴァリス（*Galanthus nivalis*）」のガラントゥスは「ミルクの花」の意。確かに小さな花弁は乳白色です。英語の名称「スノードロップ」は雪の滴を意味します。冬のスズランとも言うべきこの花は、早咲きの球根植物に先駆けて、2月早々に開花します。

　ギリシャ神話にも登場し、ホメロスによる『オデュッセイア』には、ヘルメスがオデュッセウスにこの花を授けたと記されています。おかげでオデュッセウスは魔女キルケの毒にやられることなく、旅を続けることができました。旧約聖書『創世記』によれば、スノードロップはアダムとエヴァがエデンの園から追放されたのちに咲いたとか。初めて寒さというものに苦しめられ、いつまでも終わらない冬に絶望したエヴァの声を聞いた天使が、雪を花に変え、希望と近づきつつある春の象徴、スノードロップが生まれたのです。ドイツの伝説によれば、神様は雪を創って、少し色を分けてやってほしいと花々に頼んだところ、ことごとく断られました。けれどもスノードロップだけは色を分けてくれたので、神様はお礼としてどの花よりも最初に開花するというご褒美をくれたのです。

ツルニチニチソウ

頑固、我慢強さ、思い出

この花の薄紫色は何とも言えないニュアンスで、フランス語では花の名前「ペルヴァンシュ」は色を指す語にもなりました。春になると木の下に生え、地面を覆います。地面につかまるようにして伸びるため、頑固や我慢強さと結び付いています。昔は葉をマットレスに入れておくと、夫婦の愛情が高まり、貞節を守ると信じられていました。

花言葉としては、優しい思い出を表しています。18世紀の哲学者ジャン＝ジャック・ルソーが『告白』の中でこの花に言及しているのも、そのためかもしれません。若い頃のルソーは愛人ヴァランス夫人に言われて初めて、ツルニチニチソウが咲いているのに気が付きます。30年後、植物を採集していた彼はこの花を見つけて、突如としてかつての幸せな日々の思い出がよみがえりました。

「魔女のスミレ」とも呼ばれ、イタリアでは「死の花」とも。南ヨーロッパでは、葬儀にも関連した花なのです。古代のガリア地域（ガリア人はケルト人の一派。主に現代のフランスとその周辺に住んでいました）では、墓石を覆うように生えていたため、この花を摘むと霊にとりつかれるかもしれないと恐れられていました。同じ理由から、扉の上にツルニチニチソウの花束を飾れば、家から悪霊を追い払ってくれるという迷信もありました。

LE LANGAGE DES FLEURS

Buénicourt

PERVENCHE-DOUX SOUVENIR

ワレモコウ

健康、大胆

　キュウリのような風味の葉が人気のワレモコウ。鮮やかな赤い小花が咲くため、「血を吸収する」を意味する「サングイソルバ（*Sanguisorba*）」が学名に付けられました。ガレノスやヒポクラテスといった人類史上初期の医師たちは、この植物を使って血液をきれいにし、18世紀哲学者ディドロは『百科全書』の中で、「伝染病や狂犬病から身を守る」と、効用をとうとうと記しています。ケルトの草原では、ドルイドと呼ばれる祭司たちがワレモコウを用いて、家畜の炎症性の腫物を治療していました。

　ワレモコウはフランス語ではパンプルネル（pimprenelle）ですが、英語でピンパーネル（pimpernel）と言えば一般的にルリハコベを指します。イギリスには『The Scarlet Pimpernel（紅はこべ）』という題名の小説もあります。1905年から30年以上にわたり発表されたバロネス・オルツィのベストセラー作品で、舞台の時代はフランス革命。あるイギリスの貴族は愚鈍そうに見えて、実はフランス貴族たちを断頭台から救った張本人でした。彼の手紙に紅はこべが描かれていたことから、人々はこの謎の一団を「紅はこべ」と呼んだのです。

　愛らしく自生するワレモコウに伝説らしい伝説はほとんどありませんが、アイルランドでは「マリアの草」とも呼ばれ、1輪手に持っていれば、流れに反して泳ぐ力や、未来を予言できる力が授けられると言われています。また、呪いからも守ってくれるそうです。

LA PIMPRENELLE

ピオニー
美、繁栄

　牡丹と芍薬を含むボタン属の学名パエオニア（*Paeonia*）は、古代ギリシャの医学の神アスクレピオスの弟子だったパエオンから来ています。伝説によれば、師アスクレピオスは弟子の腕に嫉妬しましたが、神ゼウスがパエオンを花に変えて救いました。古代ギリシャの人々は、ピオニーを魔法の薬草として用い、紀元前4世紀の知識人テオプラストスも「グルクシデ（glukusidê）とも呼ばれるこの植物は、夜に採取しなければならない。日中に実を採取しているところをヨーロッパアオゲラに見られてしまうと、目が見えなくなってしまうかもしれない。また根を切ると、脱肛してしまう危険がある」と記しています。

　ヨーロッパの複数地域と極東原産の植物で、中国では紀元前11世紀の書物にピオニーへの言及が見られます。「富と名誉に恵まれた者の花」と呼ばれ、中国の古典絵画で最もよく描かれるモチーフの一つであり、数々の伝説に包まれています。女帝武則天はライラックの香り漂う庭でお茶を飲んでいましたが、まだどの花も咲いていないのを不満に思い、花の女神に訴えたところ、すべての花を開花させてくれました。ただしピオニーだけは女神の命令に従わず、閉じたまま。女帝は罰としてこの花を洛陽に追放しましたが、洛陽に着くやピオニーは黒い花を咲かせました。こうして、洛陽は中国のピオニー一大産地となったのです。

PIVOINE

ポインセチア
祝祭、陽気

　それぞれの茎の先に、鮮やかな赤い苞葉(つぼみを包むように変形した葉)が花のように伸びる個性的な植物で、アメリカ、メキシコ、ヨーロッパではその佇まいや色から、年の瀬のお祝いに欠かせないスター的植物です。「クリスマスの星」とか、スペイン語圏では「フローレス・デ・ノッチェ・ブーナ(聖夜の花)」とも呼ばれています。

　すでに古代アステカでも、ポインセチアの色素が生地の染色に使われ、樹液は解熱剤として用いられました。その起源にまつわる言い伝えは2つあります。あるメキシコの子どもがクリスマスに、イエス様にプレゼントを贈りたいと思いました。けれどもとても貧しかったため、祭壇に葉の束を供えることしかできませんでした。翌日、奇跡が起こります。一番上の葉の色が真紅に変わり、ポインセチアになったのです。アステカの伝説では、ある女神が恋に破れて死んでしまいました。その血が植物の上にしたたり、赤く染まりました。フランスでは12月12日がポインセチアの日とされています。

サクラソウ

愛

───────────

　キリスト教では、イエスの12弟子の一人ペテロは、死後天国の扉の番人になったとされます。ある日彼が寝ていたところ、鍵束がしっかりと帯に結ばれていなかったため、地面に落ちてしまいました。野原で遊んでいた小さな女の子がその音を耳にして周りを見回すと、キラキラと輝く鍵束が目に入りました。女の子は走って帰ってお父さんとお母さんに知らせ、皆で野原に戻ったところ、鍵束は黄色い花に変わっていました。お父さんとお母さんは、宝が埋まっているに違いないと思い、地面を掘りましたが何も見つかりません。そこで、本当の宝は、春と愛と優しさを告げるこの花であることに気づいたのです。

　キリスト教における扉とサクラソウのつながりのヒントは、古代ノルウェーの伝説にありそうです。愛の女神フレイヤは、性欲と愉悦の園の扉を開く鍵を持っていましたが、サクラソウこそがその鍵だったのです。

───────────

Primevère

バラ
美、愛

　人類の夜明けから、バラは情熱の象徴でした。ギリシャ神話の花の女神クロリスにより誕生したと伝わっています。クロリスは森の中で死んでいるニンフを見つけ、よみがえらせました。そこで愛の女神アプロディテが美を、ぶどう酒の神ディオニュソスが香りを、3人の女神カリスは魅力と輝きを授けました。西風のゼピュロスが一吹きして雲をよけ、光の神アポロンが花開かせました。これほどの大物たちに大事にされて生まれてきたのですから、すぐさま「花の女王」と呼ばれるようになったのもうなずけます。

　その鋭い棘については、ローマ神話にこんな話があります。あるときヴィーナスの息子クピドがバラの園を散歩していると、ミツバチに刺されてしまいました。怒ったクピドは矢を放ち、矢はバラの茎に刺さりました。園に戻ってきたヴィーナスは、バラの上を歩いて怪我をしてしまい、血がしたたって赤いバラが生まれたとか。

　バラは華麗な伝説に包まれています。クレオパトラの宮殿にはバラの花びらが敷きつめられていましたし、バグダードのスルタンは毎年3万リットルものローズウォーターを使って、宮殿に芳香を漂わせていました。

　愛のメッセージを運ぶ万国共通の花でもあり、赤いバラは情熱的な愛、ピンクや白や黄色のバラは穏やかな愛を表しています。

LE LANGAGE DES FLEURS

Buoncourt

ROSE (BEAUTÉ-AMOUR)

タチアオイ

美、優しさ

　旧約聖書の『ヨブ記』には、現代のタチアオイの祖先ともいうべきゼニアオイへの言及があります。大ぶりな植物で、人間たちへの思いやりを示すために神様から贈られたと言われるだけあって、葉とつぼみは食べることもできます。丈夫で、乾燥した土に生え、人間たちは飢饉のときにこれを食べてしのぎました。多年生で背が高く、もともとは「群青色のバラ」とも呼ばれていましたが、植物学的にはバラとは無縁です。原産地については意見が分かれ、オスマン帝国説もあれば、16世紀に中国からヨーロッパへ持ち込まれたという説も。

　日本では封建時代から「葵」と呼ばれて愛され、17世紀には徳川家の紋章にも描かれました。現代では京都三大祭りの一つ、葵祭が有名で、平安時代の山車や衣装を着た人の行列に、自然災害から民を守るとされる葵の葉があしらわれています。

サフラン

味、健康、セクシュアリティ

　遥か古代から知られる世界最古のスパイスは花。長いことインドのカシミール地方の原産と考えられていましたが、近年の調査でクレタ島原産であることが判明しました。青みを帯びたクロッカス属の花で、その起源にまつわる伝説は同属の「花サフラン」と呼ばれるクロッカスと同じく、美少年クロコスが死んで花に変わり、赤いめしべが血を象徴している、というもの。ギリシャ・ローマ神話は、神ユピテル（ゼウス）の愛の寝床には、男性の精力と女性の性欲を刺激するこの花が敷きつめられていたと伝えています。またユピテルの子種からサフランが生まれたとも。催淫剤に高い関心を寄せていたクレオパトラは、サフランをふんだんに使った料理を食べていました。

　サフランに関する最古の記述は5000年前のもので、ペルシャ王ゾハックが仔牛肉をブドウやサフランやローズウォーターで調理させていたと書かれています。

　この花の色は仏教では聖なる色の一つで、精神の究極の段階とされる開眼を象徴しています。仏僧たちの衣を染めたり、祭壇にかける水に色をつけたりするのに使われていました。

LE SAFRAN

バイカウツギ

思い出、永遠の愛

むせるような香りと盛大な開花ぶりから、フランスでは「詩人のジャスミン」、アングロサクソン圏では「フェイクオレンジ」と呼ばれています。この香り豊かな低木は、オスマン帝国のスルタンの庭で栽培されていましたが、ローマ教皇への贈り物としてヨーロッパに入り、次第に普及して、ついには北アメリカにまで広がりました。

学名「フィラデルフス（*Philadelphus*）」の語源は、紀元前3世紀にエジプトを治めたプトレマイオス2世ピラデルポス。「ピラデルポス（*philadelphos*）」はギリシャ語で「近親を愛する」を意味していますが、エジプトのファラオとバイカウツギの関係にまつわる伝説や昔話は見つかっていません（一説には、プトレマイオス2世が植物を愛したことから、18世紀の植物学者リンネが敬意を表して命名したとも）。

愛らしいバイカウツギは栽培しやすく、カリフォルニアのビーチにも、パリ首都圏の庭園にも順化しました。フランスの作家たちはこの奥ゆかしく魅力あふれる花を愛し、フランシス・ジャムは「バイカウツギの香りは暖かい空気の中で濃密さを増す」と記し、ギュスターヴ・フローベールは『ボヴァリー夫人』の中で「昔日の優しい記憶が彼らの心によみがえった。バイカウツギの香りにも似て、柔らかに流れる川のごとく豊かに、そして静かに」と書いています。

ARBRISSEAUX DECORATIFS DES PARCS ET JARDINS
1. Diervilla florida — Seringa

PRODUITS LIEBIG = bonne cuisine

キンセンカ

悲しみ、非難

　この愛らしい黄色い花のフランス語名は、「心配」を意味する「スーシ(souci)」。けれども苦悩を表しているのではなく、後期ラテン語で「太陽についていく」の意の「ソルセクイア(sol-sequia)」から来ています。つねに太陽の方を向いているからです。ギリシャ神話によると、カルタという娘は太陽の神アポロンに夢中でしたが、その光に焼かれて死んでしまいました。そこから伸びてきたのが太陽の形をした花、キンセンカだったのです。

　植物学上はキンセンカ属に属し、種子には様々な薬効があります。すでに古代エジプトでは、肌を若返らせると言われていました。初期のキリスト教徒たちからは「マリアの花」と呼ばれて、聖母マリア像に供えられ、9世紀のカール大帝は宗教的背景とその薬効から、この花を帝国各地の庭で栽培させていました。古代のアメリカ先住民もこの花で花輪を編み、神々の像を飾っていました。中世になるとキンセンカにまつわる迷信が生まれ、ベッドの下に置いておけば、泥棒を寄せ付けないとか、泥棒の正体を教えてくれる夢を見られると、まことしやかに伝えられました。

　花名の「心配」にちなみ、キンセンカの花束は悲しみと苦痛のシンボルで、恋人への非難を含んでいます。

LE LANGAGE DES FLEURS

Bagnicourt

Semblable au vil métal que sa couleur rappelle
Sa fleur n'a comme lui qu'un éclat imposteur;
Elle infecte la main qui veut s'emparer d'elle
Ainsi que l'on corrompt le cœur.

DEVISE : "MON AME EST EN DEUIL"

SOUCI - CHAGRIN

タイム

長寿、健康

　タイムは春になると白やピンク色の小花を咲かせますが、人気の秘密は何といっても、針の形をした細い葉にあります。

　古代エジプトやエトルリアでは、死体の防腐処理に用いられていました。ギリシャ神話によれば、神ゼウスとレダの娘ヘレネは、英雄パリスに誘拐されてしまうほどの美女でしたが、彼女の流した涙がタイムになったとか。

　古ギリシャ語では「不死」を意味する「トゥモス(thumos)」と呼ばれていましたが、これは葉が1年中青々としているためです。タイムは勇気を与えてくれる、との古代ギリシャの迷信は中世に至るまで続き、貴婦人たちは戦いへ向かう騎士にタイムの束を贈っていました。枕の下に置いておけば、安眠をもたらし悪夢を退けるとか、棺の上に置けば、あの世への旅の助けとなると信じられていました。

　アングロサクソン圏では、庭でタイムが生えているところは、フェアリーが通った跡だとか。それほどタイムの効用は高いのです。

LE
THYM

ヒマワリ

勇気、長寿、忠実

　大ぶりで、いつも太陽の方を向いているヒマワリ。原産地はアメリカ大陸で、メキシコのアステカ族やオトミ族、ペルーのインカ族など、南アメリカの原住民たちはこの花を太陽神の象徴としていました。インカの巫女が用いていた大きな円盤も、巨大なヒマワリを模しています。北アメリカの先住民たちは、ヒマワリは勇気の花であると考え、戦いで力が増すよう、ヒマワリ粉でパンを作っていました。また狩りに向かうときは、ヒマワリの花粉を服にかけ、エネルギーを得ていました。特に催淫効果が高いとされましたが、実際、ヒマワリに含まれるアルギニンには刺激作用があることがわかっています。中国では長寿の花、世界各地では太陽にちなみ、忠実、熱、力の象徴と考えられています。

　たくさんの長所に恵まれたヒマワリですが、2011年以降は福島県周辺で行われた実験により、地中の放射性物質を吸収することも明らかになりました。

　花言葉としては、ヒマワリの花束には「愛しています」の意味が込められています。

チューベローズ
官能、誠実な愛

　メキシコ原産の花で、クリスチャン・ディオールのポワゾン、ロベール・ピゲのフラカ、フレデリック・マルのカーナル・フラワーなどそうそうたる香水に使われています。妊婦がかぐと体調が悪くなると言われていたため、フランス国王ルイ14世の愛人ラ・ヴァリエール公爵夫人はこの花をサロンに活けて、自分は身ごもっていないことを王妃に示していたとか。ヴィクトリア朝時代の若い女性たちは、この花が咲いている公園での散歩を禁じられていました。その香りにうっとりとするあまり、自制が利かなくなると信じられていたからです。

　文化面においてチューベローズが最も評価されたのはインドで、クチナシやジャスミンにも似た魅惑的な香りと白く艶のある被片が愛され、花輪にされて宗教儀式や結婚式に多用されます。夜になると香りを放つため、インドの公用語の一つ、ヒンディー語やベンガル語では「夜の香り」とも。

　花言葉としては、真の誠実な愛を象徴しています。

La Tubereuse

チューリップ

豊穣、愛

　語源はトルコ語でターバンを表す「トゥリパン(tulipan)」。トルコ人がターバンにチューリップを挿していたことから、こう呼ばれるようになったと考えられます。春にコンスタンティノープル（現イスタンブール）周辺の大草原で咲き乱れていたチューリップは、再生と豊穣のシンボルとなりました。オランダでの栽培が始まったのはようやく17世紀になってからのこと。瞬く間に一大ブームとなり、経済バブルが起きますが、1637年2月にバブル崩壊しました。

　花言葉としては、全般的に愛を表していますが、色によって違いがあり、紫は王権、白は「赦しを乞う」を象徴しています。長い間、黄色は望みのない愛の告白の印でしたが、現在では喜びや太陽にまつわるメッセージを運んでくれます。そして赤いチューリップは、「完璧な愛」です。

Tulipe.

セイヨウカノコソウ

安らぎ、睡眠

　根に抗不安効果があることで広く知られるセイヨウカノコソウは、5月から8月にかけて、ごく淡い薄紫色の愛らしい花房を咲かせます。すでに紀元前5世紀には、ギリシャの医師ヒポクラテスが婦人科の病気の治療に用いていました。細かく砕いて小袋に入れ、枕の下に置いたり地面にまいたりすると、不安を鎮めてくれるだけでなく、邪気を払ってもくれるとか。オミナエシ科ではこのセイヨウカノコソウが最も有名ですが、キリスト教でヨセフのシンボルとされている種もあり（スパイクナード）、ローマ教皇フランシスコの紋章にも使われています。

　セイヨウカノコソウが登場する伝説として唯一知られているのが、グリム兄弟により一躍有名になった『ハーメルンの笛吹き男』。ドイツの小さな町ハーメルンにはネズミがはびこっていましたが、ある日若い男が、ネズミを駆除しましょうと名乗りを上げました。男は笛を吹き始め、ポケットにセイヨウカノコソウをたっぷりと入れて、ネズミたちを川まで連れていくと、ネズミたちは川で溺れ死にました。セイヨウカノコソウの根の刺激作用は、いろいろな動物に効くのです。

LES PLANTES UTILES

Plantes Médicinales

VALÉRIANE

クワガタソウ

忠実、信頼

　その昔、クワガタソウ属の薬用ヴェロニカはハンセン病の傷に塗布されていたため、フランスでは「ハンセン病患者の草」とも呼ばれます。雄しべ先端の薬（やく）が目に似ていて、花弁全体がどこか顔のようにも見えるので、イタリアでは、聖母マリアにかけて「マドンナの目」とも呼ばれています。花弁の中央にある淡い色の斑が白い布を思わせることから、聖顔布（せいがんふ）で知られる聖ヴェロニカにちなみ、この花もヴェロニカと呼ばれています（ヴェロニカは十字架に向かうイエスに同情し、汗を拭くようにと白い布を渡したところ、奇跡が起こり、この布にイエスの顔が浮かび上がったとされます）。

　花言葉もこのキリスト教のエピソードにちなみ、クワガタソウの花束には、「あなたの顔は私の心に刻まれている」というメッセージが込められています。

　アングロサクソン圏の言い伝えによれば、怪我を負ったシカがクワガタソウの花開く草原を転げまわったところ、傷が治りました。これを見ていた羊飼いが病に伏す王様に知らせ、王様もクワガタソウのおかげで治ったそうです。

VÉRONIQUE
FIDÉLITÉ

スミレ

奥ゆかしさ

　よい香りのする小ぶりな花で、フランス語ではヴィオレットと呼ばれ、すみれ色を指す語としても、女の子の名前としても使われる言葉です。

　スミレにまつわる伝説や神話は数多く、ギリシャ神話はその起源についていくつかの話を伝えています。神ゼウスとニンフ、イオは愛し合っていましたが、ゼウスは嫉妬深い妻ヘラに見つからないようにと、イオを牝牛に変えました。ゼウスは気の毒なイオを喜ばせようと、スミレを咲かせたとか。ローマ神話では、女神ヴィーナスが息子のクピドに、すぐ横ではしゃいでいるニンフたちと自分とどちらが美しいかとたずねたところ、クピドはニンフだと答え、激怒したヴィーナスはニンフたちをスミレに変えたと伝わっています。

　ナポレオンにまつわるエピソードも残っており、エルバ島に流されたナポレオンは、スミレの花が咲く春頃にはフランスに戻ると宣言したそうです。スミレはナポレオンとジョゼフィーヌとの恋でも重要な役割を果たすと共に、ナポレオン派の間ではお互いを識別するためのコードネームとしても使われました。「スミレはお好きですか」の質問に「はい」と答えれば、ナポレオンの忠実な支持者であることを意味していたのです。

LE LANGAGE DES FLEURS

Busnicourt

VIOLETTE (MODESTIE)

ジニア

友情、善良、末永い愛情、思い出

　メキシコ原産の植物で、アステカの人々からは「マル・デ・オホス（目の毒）」と呼ばれていました。何とも醜い花と考えられていたからです。幸いなことに、この花をヨーロッパに持ち込んだ植物学者たちの意見は違いました。18世紀、スウェーデンの植物学者リンネは、眼科方面で重要な発見をしたドイツのヨハン・ゴットフリート・ジン博士にちなみ、この花をジニアと命名しました。

　デイジーよりも濃い色で、バラよりも控えめなジニアは、すっかりガーデニングの人気者に。当初こそ、育てやすさと平凡さから「貧乏人の花」と呼ばれていましたが、切り花にするととても長持ちするという長所があり、アメリカでは「ユース・アンド・オールド・エイジ（青年と老人）」とより親しみやすい呼び名がついています。

　プレゼントにする場合は、色によってメッセージが異なり、白は善良、黄色は思い出、ピンク色は末永い愛情です。青以外のすべての色があり、豊かなカラーバリエーションを誇っています。「あなたのことをとても大切に思っています」のメッセージを込めて、たくさんの色を使ったブーケを遠くの友人に贈ってみては。

Z

Zinnia

もっと知りたい人のために

Beauvais (Michel), *Le Langage des fleurs*. Rustica, 2007.

Clément (Martine), *L'Ikebana, l'art floral japonais*, Denoël, 2000.

Diffenbaugh (Vanessa), *Le Langage secret des fleurs*, Presses de la Cité, 2011.
(ヴァネッサ・ディフェンバー『花言葉をさがして』金原瑞人、西田佳子訳、ポプラ社、2011年)

Herrigel (Eugen), *l α Voie des fleurs. Le zen dans l'art japonais des compositions florales*, Éditions Dervy, 2011.
(G. L. ヘリゲル『生け花の道』稲富栄次郎、上田武訳、福村書店、1961年)

Lis (Michel) et Merles (Corinne), *Légende des fleurs*, Éditions du Mont, 2006.

Ovide, *Les Métamorphoses*, Belin-Gallimard, 2010.
(オウィディウス『変身物語』上下、中村善也訳、岩波文庫、1981年他)

Parrot (Nicole) et Farvacques (Jacqueline), *Les Fleurs et leurs symboles*, Éditions Kubik, 2006.

Seguin-Fontès (Marthe), *Le Langage des fleurs des champs*, Le Chêne, 2000.

その他本書で言及され、邦訳されている文献（初出順）

J. K. ユイスマンス『さかしま』澁澤龍彦訳、河出文庫、2002年他

デュマ・フィス『椿姫』新庄嘉章訳、新潮文庫、1950年他

テオプラストス『植物誌』(1−2巻)、小川洋子訳、京都大学学術出版会、2008年〜

ウォルト・ホイットマン『先頃ライラックが前庭に咲いたとき』酒本雅之訳、岩波文庫〈ホイットマン詩集 草の葉(中)所収〉、1998年

ボリス・ヴィアン『うたかたの日々』野崎歓訳、光文社古典新訳文庫、2011年他

セヴィニェ夫人『セヴィニェ夫人の手紙』吉田郁子訳、大学書林、1995年

バロネス・オルツィ『新訳スカーレット・ピンパーネル』小川隆訳、集英社文庫、2008年 (紅はこべ)

ギュスターヴ・フローベール『ボヴァリー夫人』上下、伊吹武彦訳、岩波文庫、1960年他

聖書については日本聖書協会、1955年改訳から引用

ちいさな手のひら事典
ねこ
ブリジット・ビュラール＝コルドー 著
ISBN978-4-7661-2897-0

ちいさな手のひら事典
きのこ
ミリアム・ブラン 著
ISBN978-4-7661-2898-7

ちいさな手のひら事典
天使
ニコル・マッソン 著
ISBN978-4-7661-3109-3

ちいさな手のひら事典
とり
アンヌ・ジャンケリオヴィッチ 著
ISBN978-4-7661-3108-6

ちいさな手のひら事典
バラ
ミシェル・ボーヴェ 著
ISBN978-4-7661-3296-0

ちいさな手のひら事典
魔女
ドミニク・フゥフェル 著
ISBN978-4-7661-3432-2

ちいさな手のひら事典
薬草
エリザベート・トロティニョン 著
ISBN978-4-7661-3492-6

ちいさな手のひら事典
月
ブリジット・ビュラール＝コルドー 著
ISBN978-4-7661-3525-1

ちいさな手のひら事典
子ねこ
ドミニク・フゥフェル 著
ISBN978-4-7661-3523-7

ちいさな手のひら事典
マリー・アントワネット
ドミニク・フゥフェル 著
ISBN978-4-7661-3526-8

ちいさな手のひら事典
おとぎ話
ジャン・ティフォン 著
ISBN978-4-7661-3590-9

ちいさな手のひら事典
占星術
ファビエンヌ・タンティ 著
ISBN978-4-7661-3589-3

ちいさな手のひら事典
クリスマス

ドミニク・フッフェル 著
ISBN978-4-7661-3639-5

ちいさな手のひら事典
フランスの食卓

ディアーヌ・ヴァニエ 著
ISBN978-4-7661-3760-6

ちいさな手のひら事典
幸運を呼ぶもの

ヴェロニク・バロー 著
ISBN978-4-7661-3830-6

LE PETIT LIVRE DU LANGAGE DES FLEURS

Toutes les images proviennent de la collection privée
des Éditions du Chêne, sauf pp. 8, 12, 15, 123, 149 © Collection IM/
Kharbine-Tapabor ; p. 161 © Collection Kharbine-Tapabor.
Couverture : fond © Éditions du Chêne ;
plat I © Collection Kharbine-Tapabor.

Responsable éditoriale : Flavie Gaidon
avec la collaboration de Franck Friès
Suivi éditorial : Sandrine Rosenberg
Direction artistique : Sabine Houplain
assistée d'Élodie Palumbo
Lecture-correction : Myriam Blanc
Fabrication : Marion Lance
Partenariat et ventes directes : Mathilde Barrois
mbarrois@hachette-livre.fr
Relations presse : Hélène Maurice
hmaurice@hachette-livre.fr
Mise en pages et photogravure : CGI

This Japanese edition was produced and published in Japan in 2021
by Graphic-sha Publishing Co., Ltd.
1-14-17 Kudankita, Chiyodaku,
Tokyo 102-0073, Japan

Japanese translation © 2021 Graphic-sha Publishing Co., Ltd.

Japanese edition creative staff
Translation: Hanako Da Costa Yoshimura
Text layout and cover design: Rumi Sugimoto
Editor: Yukiko Sasajima
Publishing coordinator: Takako Motoki
(Graphic-sha Publishing Co., Ltd.)

ISBN 978-4-7661-3524-4 C0076
Printed in China

著者プロフィール

ナタリー・シャイン

ジャーナリスト。オンライン情報誌『L'Express Styles』では旅行部門を
担当。健康や生き方に関する著作を発表するかたわら、百科事典的書籍
の編纂にも携わっている。

ちいさな手のひら事典 花言葉

2021年9月25日　初版第1刷発行
2024年10月25日　初版第7刷発行

著者	ナタリー・シャイン（© Nathalie Chahine）
発行者	津田淳子
発行所	株式会社グラフィック社
	102-0073 東京都千代田区九段北1-14-17
	Phone: 03-3263-4318　Fax: 03-3263-5297
	https://www.graphicsha.co.jp

制作スタッフ
翻訳：ダコスタ吉村花子
組版・カバーデザイン：杉本瑠美
編集：笹島由紀子
制作・進行：本木貴子（グラフィック社）

ISBN978-4-7661-3524-4 C0076
Printed in China